WENHUA JINGJI YANJIU

文化经济研究

第二辑

（2016国家文化产业创新实验区高端峰会专辑）

范　周◎主编

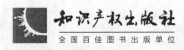
知识产权出版社
全国百佳图书出版单位

图书在版编目（CIP）数据

文化经济研究. 第二辑 / 范周主编. — 北京：知识产权出版社，2017.1
ISBN 978-7-5130-4669-5

Ⅰ.①文… Ⅱ.①范… Ⅲ.①文化产业－研究－中国 Ⅳ.①G124

中国版本图书馆 CIP 数据核字（2016）第 299060 号

内容提要

本书是 2016 国家文化产业创新实验区高端峰会嘉宾发言辑刊，在"文化+时代：创新驱动经济发展"这一主题下，从创新驱动与国家战略、文化创新与理论创新、文化创意与区域发展、文化创新与产业融合和模式创新与行业转型五部分展开，汇聚 51 位政府官员、专家学者、业界精英的真知灼见，指明我国文化产业的未来发展趋势，提出文化产业转型升级的创新路径。

责任编辑：李石华

文化经济研究（第二辑）
WENHUA JINGJI YANJIU（DIERJI）
范周　主编

出版发行： 知识产权出版社 有限责任公司		网　　址： http://www.ipph.cn	
电　　话：010－82004826		http://www.laichushu.com	
社　　址：北京市海淀区西外太平庄 55 号		邮　　编：100081	
责编电话：010－82000860 转 8072		责编邮箱：303220466@qq.com	
发行电话：010－82000860 转 8101 / 8029		发行传真：010－82000893 / 82003279	
印　　刷：北京中献拓方科技发展有限公司		经　　销：各大网上书店、新华书店及相关专业书店	
开　　本：720mm×1000mm　1/16		印　　张：13.5	
版　　次：2017 年 1 月第 1 版		印　　次：2017 年 1 月第 1 次印刷	
字　　数：200 千字		定　　价：36.00 元	

ISBN 978－7－5130－4669－5

前　言

　　"十三五"时期,如何在坚持"创新、协调、绿色、开放和共享"五大理念的基础上,推动战略前沿领域新突破,构建现代产业新体系,拓展发展动力新空间,实现文化经济创新发展,是我国经济社会发展面临的重要问题。文化是创新的精神基础和动力之源,创新是国家兴旺发达的重要标志。

　　"文化+"是文化更加自觉、主动地向经济社会各领域的渗透,"文化+"赋予经济发展以文化内核、文化属性、文化精神、文化活力,"文化+"赋予社会变迁以文化基因、文化脉络、文化形态、文化价值。在文化产业迅猛发展的今天,"文化+"的概念越丰富、越深入、越广泛,经济越强劲、越发达、越繁荣。可以说,在历史的长河中,文化塑造了经济发展和社会变迁,催生了无穷无尽的创新力、创造力和生产力,改写了历史并创造了辉煌。而信息技术的突飞猛进和文化产业的蓬勃发展,又推动人类社会进入了"文化+"的时代。以"文化"为核心的创造性产业越来越成为一个国家经济发展的最大动力。文化的经济化与经济的文化化融合程度也越来越紧密。

　　"文化+"可谓是创新的灵魂,更是发展的动力。文化+时代的核心是树立"文化+"的战略思维,在着眼于经济社会发展的顶层设计中,高度重视提升社会发展、各产业产值、商品价值中的文化含量,真正使"文化+"成为经济社会等领域的治理、经营和发展理念。文化+时代的关键是树立"文化+"的发展理念,在着力于产业转型升级的供给侧改革中,把握宏观经济与区域经济的不同走势和需求,准确选择"文化+"的切入点、结合点、增效点及相关内容,加快"中国制造"向"中国创造"转变,保持"文化+"的主动权、主导权和衍生力。创新是文化+时代的主题,也是发展的主线。创新激发文化原创能力,如何形成尊重知识、尊重人才、尊重劳动、尊重创造的社会氛围和文化发展环境,如何通过各种价值杠杆,有效引导企业主动创新、乐于创造,从而强化创新创造在文化产品与服务价值链上的高端地位,提升文化创新创造活动的质量和效益,是文化+时代创新的主旋律。创新激发文化市场活力,如何不断完善市场机制,发挥社会资本在文化原创和资源整合方面的积极作用,将文化内容研发环节与制作、生产、传播及衍生开发的环节有效链接,如何以市场手段,增强文化内容原创者在文化交易中的议价能力,让创新、创造者能够获得足够的市场认可和市场收益,是文化+时代创新的进行曲。

2016 年 12 月

目　录

Chapter05　模式创新与行业转型

Chapter01

创新驱动与国家战略

"十三五"时期文化产业供给侧改革的
迫切问题分析

范 周❶

一、文化产业"供给侧结构性改革"缘何在当下提出？

从国家宏观改革的背景上来看，中国作为一个文化大国被全球公认，但是中国作为一个文化强国，大家对它还是持有各自有不同的看法。比如中国动漫产业，从26万分钟降到13万分钟，仍然还是世界第一，因为日本动漫没有突破10万分钟，但是全世界的动漫市场日本确实占了遥遥领先的地位，而我们中国的动画在全世界的市场占有率，这是一个令人堪忧的问题。去年年末和今年年初我两次到访日本，一直很想拜访宫崎峻，但是最终都没有成功。宫崎峻全部一律回绝。后来透过他的经纪人回复说："我很尊重中国的同行，我很尊重中国的动画，我们日本动画是在向中国50年代动画学习当中自己形成了日本的动画特点和风格，但我又特别瞧不起中国动画，没有事儿我不会特地到中国来，我的动画在中国版权被践踏的是全世界从未有过的，想起来，一辈子都不会到中国大陆来。"这个想法不是展现老爷子比较偏激一面，恰恰反应出中国动漫产业在发展中展露出诸如版权意识薄弱等系列问题。一个文化强国乃至于一个文化帝国，一定要是在全球视野下看待它的发展，而绝不是闭门造车。

我们2015年全国GDP人均达到了4.93万元，折合7000多美元，这个发展

---

❶范周，中国传媒大学经管学部学部长，文化发展研究院长，博士生导师。

速度体量上是够了,但是我们的文化产品有没有过剩,在中央决策层就有两种不同意见,有人说,文化供给严重不足,但是我们从数字上又看到,尤其是我们的出版产业当中,有相当一批数量的出版物是沉睡在仓库里的。我们知道,文化产业这将近三万亿当中,我们的出版占大于三分之一的比例,但是出版当中的相当一部分是存在仓库里,这样的文化供给有意义吗? 与此同时,文化建设的升级和活力不容忽视,但是这样一种结构性的问题也越来越突出,我们的文化产业增加值,已经达到了将近4%,余群部长助理在2016年9月6号峰会上公布了一个数字,已经达到了3.92%,占GDP马上接近4%了,这是第一次从官方听到这数据。但事实上优质文化产品的丰富程度是令人担忧的。还有,问题产生的背景,我们文化发展的实践不容忽视日益严重的结构性问题。有几句话来说明它,首先从产品上来看,低端同质化的产品存在过剩,中高端个性化产品相对匮乏,从结构上来看,我们的传统比重比较大,新兴产业还需要进一步的培育。东中西之间的差距也非常突出,这个背景下提出文化领域供给侧改革,应该冷静地客观地来看,大好形势的客观问题。

二、文化领域供给侧改革如何与经济领域供给侧改革相得益彰?

在这方面,从供给侧结构性改革的重点来看,经济领域和文化领域供给侧结构性改革存在着共同的出发点和落脚点,那就是从文化的双重属性和两个效益来看,经济领域和文化领域供给侧结构改革,各有侧重,而且侧重的差别是比较大的。第一个,从重要性来看,文化领域是经济领域供给侧改革的任务,重要的构成部分,要推动文化产业的结构性优化提升,必须要减少无效供给和去产能化。

优化区域的文化产业发展布局,在这一点上,我个人有一个不成熟想法,没有必要全国摊大饼,我上个月到西藏调研,就跟自治区的文化部门同志讲我的心里话,我说你们拉萨要做动漫没问题,但是动漫不是所有的地区都要有一个动漫园区,要避免它的同质化现象。我这次走的路线是宁夏、青海、西藏,走了这三大省,这三个省的感觉是,大家都在谋划这样一些像动漫游戏的产业。

大家知道,这些产业其实没有什么多少亩地的工地约束,就是靠人才,我相信把宫崎骏放在任何一个荒凉的岛屿,他一样可以做出《千与千寻》来,宫崎骏就是宫崎骏,和我们为一个园区提供一个庞大的土地面积没有任何的关系。

我们到访澳大利亚悉尼看到一个动漫公司,所有面积加在一起都没有我们这个会议室大,但是却是世界顶级的动漫产品的后期制作方。我们到新西兰,维塔公司是全世界所有影视作品后期最牛的公司,一共才不到200人,占到整个工厂的面积不到2000平方,但是他是世界顶级公司。所以从这些方面来看,我们对文化产业,这个领域当中的重要性,它的结构调整是非常重要的。

第二个,文化领域成为经济领域独立的板块,它的重要性在于双效统一,必须要解决社会效益放在第一位的问题。

第三个,引领性,文化领域在某些方面还可以引领经济领域的改革,这个观点是可以成立的。文化领域发展又立足于不断地创新。文化领域不仅是配合经济领域供给侧改革,在某些方面还可以引领经济领域改革,青海吾屯热贡文化艺术村、江苏泰兴凤灵乐器限公司,这些企业让文化引领当地经济的发展,朝阳区是保证菜篮子、米袋子的东部农业地区,后来70年代、80年代进入工业发展期,现在变成了北京最大的房地产市场,近年来朝阳区财政四分之一的收入来自于文化创意产业,全中国没有一个这样的城市,是第一也是唯一,为财政贡献10%、20%就已经很罕见了,但是朝阳区贡献了四分之一,在朝阳区的经济板块当中,文化产业已经是起到了举足轻重的作用。我们经常讲一句话,朝阳区很少搞招商引资的活动,到朝阳来落户的企业首先来看品质,然后再看未来的影响力,最后再谈其他的问题,就是平等的、正常的,朝阳能这样做,能这样牛,能够说出这样的话,是因为它的文化引领作用在这个区域的文化发展,已经是实实在在的。

两年前我们提出那个口号,"西有科技中关村、东有文化定福庄"很多人不以为然,甚至听了就笑。现在大家看一看,北京的七分之一的文创成果是来自于朝阳区的。但是朝阳区下一步的发展其实更严峻了,当它处于高处不胜寒的时候,它和大家距离拉开时候,需要破解、需要突破的东西就更多了。所以从这个意义上来说,我们文化领域的供给侧改革,对经济的这种反作用、促进作用、引领作用，不仅仅是朝阳区，包括我一直很关注的杭州市也是如此。

三、文化领域供给侧结构性问题的主要表现

第一个问题，文化产品和服务供需错位、结构失衡。

我们上课经常愿意举电影为例，中国每年生产八九百部电影，2015年800多部电影，但是上院线的有多少，十几万分钟，我们能知道的动画片有几部？我们一年一万五六千部级的电视剧，有多少我们还能记住的？现在图书出版是红红火火，数量在逐年攀升，但是我们大家随口就说出来的能有几个呢？甚至我都说，学中文的同学，能把最近这三届茅盾文学奖的获奖人都说出来有几个？而反过来2.6亿人看到网络文学的，所谓作家群体和草根的网络文学究竟谁在争霸天下？每隔两年有一个全国的剧目展演，搞了十届了，一届评100个剧目，国家有一千台剧目，这一千台剧目生产出来了，获奖了，拿了"五个一工程"了，在百姓中的传播广度又如何呢？我们的产需结构都存在很多问题。

第二个问题，我们的文化资本在制度障碍方面、融资方面的困难仍然存在。

一方面中国的资金池子很大，民间资金池子有几十万亿，另一方面，我们许多领域却找不到钱，对于民营资本、对于民营金融的管控，仍然还是制约我国文化产业发展的一些制度性的问题。中国文化产业发展现在所有的欠缺都是次要的，制度上的不完善、制度上的不畅通、制度上的不开明是最根本的。

第三个问题，文化科技方面投入严重不足，转化不够。

当前我国对于科技创新的一些战略思路，在这方面还是停留在制度建设上，没有很好的突破。我们在座的很多老师，还要为报销，怎么弄发票去占用自己大量的时间，这个讲起来都是一个国人耻笑的事情，我们一直在呼唤着有尊严的做科研，有尊严的去创新，有尊严的去获得创新之后的成果，去享受它，目前还属于理论探讨的阶段，谁受到了这种尊严呢？所以我们很多年轻的同学到了大学，做的第一件事就是帮助老师贴发票，都很俗，对整个发票的流程，怎么鉴别真假发票，怎么把连续号发票变成不连续号发票，技术之成熟，远远超过了我们这些专业人士，想想都是一件很悲哀的事情。

第四个问题，文化人才缺口巨大，产学脱节。

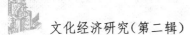

一方面我们老师跟同学们讲，怎样拍电视、怎样拍电影，讲的老师居然一部电视、电影都没拍过，讲的像真的一样，同学们也听着像真的一样，这件事情好多地方都司空见惯，为什么老师不可以办公司，为什么搞制片的老师自己不能做制片人，这是什么环境？这样能培养出来真正上手的学生吗？我们有时候搞一点企业的行为，像做贼一样，完了还得说，我就是咨询一下，还要声明，绝对不拿费用，不拿费用能好好地做服务呢，肯定是骗人的。所以人才的问题，核心不是人才，是教育的问题，教育的核心，今天是9月9号，毛主席说教育的问题是教改的问题，教改的问题是教员的问题。

我在世界上名校也去的不多，去了几十所，名校的讲经济的老师都是三三制，学校三年，访学三年，企业三年，而且我在欧美国家看到了和我干同样事业的人，没有一个不是公司老板，这样他讲起来的话才能讲人话，才不能讲神话。我们现在很多老师在这方面是欠缺的，更别说我们普遍意义的下去挂职，当然文化发展研究院的老师比较痛苦，在我主持工作的期间，都鼓励和督促他们去企业或者政府挂职，90%老师都挂过职，有了这段实践经历之后，他就会知道政府在想什么，知道企业在想什么。才能在课堂上给同学们上好专业课。

我们人才其实是数量很大，但是质量远远不够，现在的人才的发展动荡性很强，因为文化产业的跨界融合要求我们的人才也必须要是复合型人才。所以我鼓励同学们打破学院、高校壁垒。蹭课、交流这也是一种学习的渠道。

第五个问题，文化出口，精品缺少、影响力很小。

近年来，我们国家有一个重大的变化，总理和总书记出国访问，赠送礼品，从2014年开始全部都是文化礼包，基本上是带一部电视剧，总书记这几次出差还带一个剧团，领导人把文化看到这么高的位置上，但是我们能拿出手的东西太少。所以从这一点来说，我们的文化贸易还应该多出精品。

第六个问题，公共文化服务还要继续精准。我们的效能问题还要不断地提高，我认为我们国家对于公共文化的这种财政支持，应该继续加大力度，问题现在是已经给的财政支持，80多个亿是不是已经用到了点子上，我已经在各个场合来讲，我对农村书屋这个现象一直是很鄙视的，我没看过真的农村书屋有人在那儿学习，我参加过中期检查，有的县市一看，找出当地村民摆拍、装模作样,搞一些形象工程。这样的书屋不如街舞,不如谈一点本地区的文化现象,我们的这种基层建设能不能走中国农村早期的乡闲制度,培育中国的乡绅,那是根深蒂固的,是在血脉当中的。因此,我们在这方面要进一步的提升我们的效率。在这方面,结构性的改革还存在着许多的问题,包括我们在结构性当中,文化产业所有制的结构,相差的比例还很大,例如小微企业数量很多,解决就业人数上也做了很大的贡献,但给的待遇和他做出的贡献并不相匹配。我们在文化产业技术结构上传统产业比重比较大,新兴业态应该进一步提高,这个趋势肯定是新兴业态占到60%、70%甚至更多。文化产业的关联结构,产业链短,延伸性比较差,美国人搞一部片子十年,一部片子卖20年。我国区域产业结构也不平衡,我们东中西的文化产业差距已经拉大,如果搞得不好将来越拉越大。

四、文化领域供给侧结构性改革应该关注的六大问题

这是我们课题组的集体劳动成果,在这里给大家汇报一下,第一个,始终要以培育和弘扬社会主义核心价值观巩固与扩大先进思想,文化阵地为发展导向。第二个,始终以维护国家文化安全,扩大我国文化自信为发展方向,这一点我觉得应该引起高度的重视,我国现在的安全当中的文化安全,问题非常复杂,有的已经是渗透到我们的民族团结和社会稳定了。第三个,始终以双效统一作为文化产业供给侧结构性改革的发展原则,中央已经是三令五申,文化产业不可能跳出这个大的概念。第四个,始终坚持文化保护与有序开发并重,实现民族优秀文化传承光大,尤其我国现有的文物的开发,既要积极又要谨慎。第五个,始终坚持优胜劣汰,保障文化领域的有效供给,前面已经讲过,这里讲的杜绝低俗供给、淘汰过剩供给、清理僵尸供给,盘活那些呆滞的供给。第六个,始终将需求侧升级作为供给侧结构性改革的不竭动力,要从两端同时发力,并且让两端发力能够找到平衡点。

推动国家文化产业创新发展

贾旭东❶

第一，当前文化产业发展存在的问题。归结起来应该是两大问题，一是文化产业基础不够扎实，二是创新发展能力不足。基础不够扎实这是文化产业创新普遍性的问题，对我们来讲，主要讲的是市场在文化资源配置当中作用的发挥还没有到位，既然是文化产业，是个配置资源的基本方式，应该是市场化的。怎样让市场在文化资源配置当中起到更充分的作用？决定性作用还是积极作用？从国家大的改革方向上，非常明确，让市场起决定性作用，但是文化领域里面现在有一种声音，到底是基础新作用还是积极的作用？在概念上去争论没有必要。毕竟是产业，市场要发挥作用，市场怎么样发挥作用？是不是不要政府？也不是，国家的说法是，市场起决定性作用。怎么样让文化产业强身健体，夯实文化产业基础最核心的是发挥市场的作用。这方面从政府的角度可做的工作很多，怎么样推动创新发展的第一个层面，就是要转变政府在文化产业发展当中的角色，或者说构建一种政府促进文化产业发展的新模式，如果没有这种新模式产生，文化产业创新发展就很难。

政府应该怎样转变？

一是要梳理清楚政府和市场的关系。文化产业发展过程当中政府到底应该管什么？我们无须在概念上烦恼，政府应该管什么？比如准入问题，管理问题，扶持问题，必须由政府介入的事项由政府去做。

二是划清政府和市场的边界以后，哪些应该由政府来做，哪些应该由地方来做，这个要理清。如果政府来做，全部要靠政策来做。好几年前我们就在谈

❶贾旭东，中国社会科学院文化研究中心副主任、研究员。

论文化产业是一个高风险的产业,这个风险主要来自于市场,但对我们国家来说,还有一个重要的风险,就是政府,某一个人一句话,不仅是领导,甚至现在智库建设,哪一个学者给中央领导写一个报告,领导一批,这个事情就做不了了。一定要界定清楚哪些应该由政策来管,哪些由法律来管,如果由法律来管,那么我们应该立法,如果没有立法,要尽快立法,有的法律虽然层级不高,那就应该去修订。

三是想清楚政府应该怎样扶持。现在说文化企业融资难融资贵,这个问题是需要解决的,但显然不需要政府来介入,政府应该怎么介入?比如拿专项基金,财政支持,我们建立专项基金,企业从银行贷到款,也还了利息,这个时候他可以给你适当补贴利息。这个政策要解决的是融资难的问题?还是解决了融资贵的问题?融资难和融资贵的问题哪个更重要?在扶持上,政策的精准性不够。没有能够切中产业发展的要害。

我们必须至少在这三个层面上,构建一种政府推动文化产业或者促进文化产业发展的新模式,如果没有这种模式的创新,文化产业的发展是不太现实的,因为本身文化产业有它独特的交叉融合性。

第二,如何进行文化产业创新发展。文化产业技术创新和文化产业内容的创新比其他方面的创新更重要,文化产业是一个内容创新,这一点大家都公认,但是如何创新?这就是文化产业发展让人纠结的地方。文化产业是一个产业没错,但是如果没有文化作为支撑和背景那又如何发展文化产业呢?所以文化产业首先要有文化内容,如果没有,就不是文化产品了。有人可能说没有文化内容,不也卖得很好吗?很多电影不也大卖吗?票房轻松破亿。这个不能让文化产业长久持续健康的发展,怎么样构建出一个内容创新的机制就非常重要。

从供给端发力促进文化产业
供给体系良性发展

张胜冰❶

　　G20峰会中，我们国家一再强调供给侧改革的重要性，如今全球经济低迷，大家都面临着同样的困境——怎么寻找新的需求端、需求市场，怎么化解产能。

　　我最近做了关于青岛市的电影产业规划课题。这个项目中最大的亮点是万达的东方影城，投资了500亿到实验区试验，我们围绕万达的产业发展做了调研。青岛市除了像黄晓明、白百何、黄渤这些影视演员以外，其他影视产业核心竞争资源几乎没有。万达针对东方影视投资了500亿。可是这500亿当中有多少是真正进入文化产业的呢？这里会不会延伸出供给端过大，拖累了需求、需要的这样问题。万达最近提出第四次转型战略目标，因此如今的万达不仅仅只是一个地产商，多种产业融合发展的趋势。从供给侧供给端改革来说，我们觉得今天的文化产业发展是有问题的，我们国家的供给侧改革有一个目的，即提高供给质量。今天的供给质量可以说不是很高。包括出版物的数量、动画的数量、文化的影响力等。虽然产量很高，但是真正有多少是有影响的呢？还有多少会真正产生市场效益？有多少是属于有效供给的？其中不乏有"僵尸供给"的现象，所以这仍然值得文化界各位同仁思考。

---

❶张胜冰，中国海洋大学国家文化产业研究中心副主任，教授。

一、供给侧改革就是要通过优化产品结构，产业结构，使得供需达到平衡

我们国家的供给侧改革是，通过增量改革促进存量消解，增量改革指的是培育新动能，存量调整指的是去产能。为什么我们要极力推动"一带一路"项目？是要更有效的来消费传统产能。文化产品，在走出去以及扩大市场中都会面临怎么化解过剩产能的问题。我们国家整个文化产业领域从供给和需求来说，也是供需错位，一方面电影产量很高，但是真正进入院线的却很少。这些产量占用了大量的资源，占用了大量的资金，造成资源的浪费。另外一方面又有些供给不足，有些供给是社会需求，但是没有提供相应的供给。整个文化产业在我看来，不仅仅是思考创新的问题，还要思考怎么适应市场的供给的问题。

如何进行文化产业的供给侧改革。对于文化产业来说，供给侧改革更多人思考的是创新，G20峰会的一个关键词就是"创新"，我们更多考虑的是扩大增量，怎么通过创新形成新业态，形成新的产品，满足市场对新产品的需求。没有考虑怎么减少无效供给，怎么使整个供给做重新的思考，如何将无效供给尽量减少和降低。在降低无效供给过程中，除了考虑创新的问题还要充分考虑市场的需求。市场需求对文化产业来说，和一般的产品有很大不同。一般的产品，例如iPhone7即将上市，只要是技术好，你在任何一个宗教信仰的国家，它的需求量都是一样的，没有更复杂的问题，只是涉及技术问题。但是对文化产业中的文化产品来说，市场不仅仅是一个技术，不仅仅是一个创新，不仅仅是一个商业模式，涉及的问题更加复杂一些，一般的产品更多的和物质、技术、载体有关，而文化产业更多涉及的不仅仅是产品，关乎个人心理、审美趣味、消费习惯等。所以文化产品我们要深入研究大众的消费心理。

二、文化供给侧改革应深入研究大众消费心理

假期我做电影规划项目中，掌握了很多电影统计数据，2015年电影票房438.5亿，在电影票房当中增长的很快，尤其是暑期档增长的特别快。尤其以北

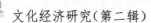

京、上海、广州这三个城市最为突出。北京和上海红线和蓝线飙升的最快，绿色的是广州，很低，为什么和北京、上海有这么大的差距？显然，和消费习惯、和环境有很大的关系。2015年中国电影票房产值在全球排名第二，通过数据统计，我们可以看到诸如《捉妖记》《盗墓空间》等悬疑奇幻题材的电影创收明显。观影人群的年龄层次较低，以90后，00后为代表。文化供给要研究这样的大众消费心理，这样一种消费的需求，这样的变化同时也给我们提出一个挑战，让我们深入思考如何巩固社会效益。通过对比个副省级城市当中，我们会发现这15个城市是不一样的，有的城市很高，有的城市很低。同一个产品有这么大的差距，我们需要好好地研究影响市场供给的多样的文化消费心理，文化创意产品毕竟是一个很复杂的问题。

美国学者赫斯蒙德夫曾说过，文化产业"是复杂的，矛盾的、充满正义"的产业，所以文化产业绝不等同于其他产业。

文化主题公园热引发的供给问题特别多，国内比如横店模式，华侨城模式，万达模式，对比国际上的迪斯尼模式，环球影城模式。国内非常热衷于建文化主题公园，据统计现在已经有2800多个，但是70%上处于亏损状态。尤其是万达建的主题公园，可以说是万达的围剿迪斯尼的初衷和愿景，目前已经建了13个，最近又在济南投入一个600亿的乐园。万达在全国范围内扩张主题乐园产业。随着万达在全国范围内主题公园建设数量的增加，很难避免出现文化供给过剩的问题。东方影城里面也有万达MALL，这里面有多少是万达自己的IP呢？万达可能会遍地开花，迪斯尼一百多年才建了6个，万达在短短几年当中已经建了这么多的万达乐园，不光万达这样做，其他的地产商也开始效仿。这样会不会引起供给过剩？对于学者来说，我们应该进行理性深入的思考。

如何做好新经济体形势下的创新创业服务

王国成[1]

一、创新与新经济

目前新经济驱动演化成网络成了一种趋势,今天上午中央领导陆续视察中关村,以及北京刚召开的创新大会,都可以看出中国现阶段重要领导抓创新创业,感觉到整个社会对这个方向的重视。

二、新的模式与业态

关于打造新的模式和业态国家应该怎样做呢? 我认为需要聚焦前沿、聚焦需求、打造具有全球视野的体系。新双创试点在国家17个地区有7个企业4个高校去做,而且主要围绕文化产业众创空间专业层面去做。北大、西安有一些探讨特色小镇,在做特色小镇项目的时候,首先是旅游跟衍生产品相结合,乌镇就是一个成功的案例。在此基础上我们需要考虑怎样结合文化创新产业,突破技术、创新产业发展的问题。这里出现了几个新的拐点,第一个就是经济发生了变化,一、二产跟互联网的结合,移动互联网,未来智能社会,未来人工智能,未来人工智能和文化和人的体验,一系列生活方式体验就是未来新的创新和产业结合。比如说产品服务高度人性化、比如说生产生活的分享,比如说小型工具高度公共化,技术产业金融都在革命。

---

[1]王国成,北京大学科技园副总裁,北京大学孵化器总经理。

三、做好创新创业服务

在中国金融市场不是很成熟情况下，怎么做创新服务？怎么做创业服务、怎么去投资？是我们重点探讨问题。我们一直推进文化与科技融合，把文化产业进行分类，找出文化产业相关创新链相关技术路线图，但是我们发现中国科研成果转化过程问题中工程化问题做得不是很好，工程化不好，就容易产生问题，对趋势把握服务把握是我们现在研究的问题。

怎么去服务？这是一些要掌握的趋势，比如说寻找新的商业空间，引导出很多智能制造和文化衍生产品之间的关系。另外需要关注的是未来的办公或者企业的生存，未来企业生存发生了变化，企业都非常小，自由、小型、柔性、需求、碎片，而且他们所做的需求非常多，我们正在做服务研发怎么为这些产业服务，包括文化产业有很多不同的需求。现在创业正在出现风口和机遇，在我们周边北大创业孵化营，每年两期，每期30多个项目，其中70%、80%都能拿到A轮融资，说明成功项目还是很多。

那么科技服务怎么做？这里我希望在文化产业方向关注一些热点，比如说众筹模型模式的商业化过程，在文化产业当中应用非常广，中国好多创业型不太重视这个问题，这是创新一些拐点问题。科学、技术主体分离，我们研究服务科学、服务技术的方法不一样，科学在高校研究所，真正好的技术在企业当中，这就需要起源驱动、立足产业发展、动力碰撞活力、方法共享协同。

无论是文化产业工作者，还是创业者都很需要产业服务、市场服务，怎么为他们做市场服务？首先要服务科学，打造科学创新型孵化器。例如北大跟百度做的语音经常参加中科院的举办的活动，将我们计算机科学、脑科学、生命科学结合在一起，围绕它做创新型孵化。其次服务技术，营造专业化众创空间。北大围绕景观设计打造了专业化的众创空间。再次服务地方，建设特色园区。第四是联合办公，未来发展大学、科技园、地方产业会进行结合。做我们这一行有效品牌非常重要，所以说没有好的品牌，好项目、好投资、好师资都不会来。另外，专业团队、市场投资也是不可或缺的。

创新驱动经济发展的前提条件与要素

王国华❶

一、创新来源于创意，创意取决于环境

人类为什么要创新？一是因为创新是由人类本性决定的。人本身就是喜新厌旧的。二是因为科技的不断发展与进步迫使各种社会机制的创新。三是因为只有创新人类社会才能可持续发展，创新也是人类应对自然挑战，人的自身挑战的唯一工具。什么叫创新？我赞成熊彼特说的，创新实际上是一种毁灭式的创造，创新是企业家对生产要素采取的新组合。包括一个新产品、一个新市场、一个新原料工艺，实现一种新组织形式，我觉得创新应该是经过商业化的，能够商业化的，能够有效应的东西。我们现在看首次科学发现，首次科技发明称得上创新，这是我们科学家的教授的创新。这个应该纠正，我比较赞成创新应该是能够从经济角度上成功进行市场化，能够商业化，有效益。邓小平曾经说过，白猫黑猫逮到老鼠就是好猫，我们有一些地方逮老鼠的猫都给杀掉，不逮老鼠的猫都给升官了。这些是很基础，然而很多基础的东西并没有得到实现。

我认为创新是取决于社会制度。邓小平上任之后主要做了三件事情，第一提出白猫黑猫逮住老鼠就是好猫。第二极大的开放了管制。第三是制度创新。开放大门，激发了老百姓的发财致富，脱贫致富的热情。邓小平最大创新就是用利益把广大民众最饥渴的东西调动起来。最重要的是制度创新，一个

---

❶王国华，北京工业大学文化创意产业研究所所长，教授。

社会制度不创新不行。同时，创新来自于创意，你有源源不断的创意才有创新。我在迪斯尼乐园工作了三年，美国人不比我们聪明，但是它的创意很多。美国小孩有制度保障，不需要考虑潜规则就可以把很多精华的时间用在创意。

创意是怎么来的？创意就是有新想法，创意就是使这个东西陌生化，创意就是第一个创新的主意，现在社会是靠创意的。现在很多编剧写剧本没有创意，很多文艺界过度娱乐化、迎合老百姓，以丑为美。我是中文系的，我当时写很多文章，但是仍然没有很多的收入。很多创意的人不去搞创意，因为生活逼迫它，这个制度是最坏最腐朽的制度。基本的生存生活没有保障，怎么提高创意效果？还是方法问题。

一般创意离不开四个要素。第一，创意人要有丰富的学识。第二，要有良好的社会环境，主要是宽松、宽厚、宽容。第三，创意要有强烈的动机。有的人创意就是为了钱，不能说他错了，有的人创意是兴趣，有的人创意是信仰，然而现在太多人是物质信仰。第四，要有先进的科学方法。现在好多地方创新没有方法，所以还是要用大学生，要用受教育的人。

二、创新驱动经济发展的四大要素

第一个要素就是观念转变实现创新发展的根本。观念非常重要，我们不能墨守成规。互联网更关注未来，互联网思维要别人给你打工，不需要什么事情都亲力亲为。苹果公司就是全世界给它打工，它只是提供一个平台。细节决定出路，理念决定成败，思想观念决定成败，一个人如果在观念上转变才有希望。现在经济已经变了，传统经济学像亚当·斯密土地、金融、廉价劳动力，今天经济驱动力已经是人才、创意、新模式、新理念，这是现代经济驱动力，根本颠覆了或者否定古典经济学。

第二个要素是机制创新，机制创新其实就是指要有好的制度，好的激励机制约束机制。一些地方还是老鼠带着狮子跑绝对没有进步，绝对要狮子领着老鼠跑才有创新。我们现在有些领导用一百个错误证明第一个错误是正确的，越错越远。

第三个要素是产业特征的准确把握是实现转型升级的方法。很多人讲创业产业变成搭台唱戏的佐料。这个文化是大文化,这个化是进程,文化是用人类好的规律改变社会。人文、水文、天文讲人和人交往的规律,明白这点你才能进行产业升级转型,产业升级转型很多人其实不了解它的特征,我比较看好文化电商,因为它带来了巨大的商机。欧洲小镇都是名家、名流、名门望族精心打造的,我们很多小镇都是大官、大款、大腕做的然而就是没有文化。

第四个要素是模式创新是落实转型升级的措施。好的模式实际上是好的经验的结晶、深奥知识的结晶,也是多年实践经验的结晶。国家创新实验区,怎么建创意空间,我觉得大多数创意空间还是物理空间。大多数人做一个孵化器,忘记在精神空间、无形空间的构造,在精神空间、无形空间营造一个氛围,就像15世纪到19世纪沙龙一样,激活那么多的信息,激活那么多的名人使社会不断地进步,我们国家创新实验区,离开了人,离开人的精神,就很难得到发展。

文化自贸强国的治理体系

皇甫晓涛❶

　　"一带一路"人类命运共同体五大发展理念,是文明创新论,是全球治理体系的创新驱动,文明是能够起到可持续创新作用的。简单融合归结在一块就是科技文明、知识文明、世界文明、主权文明、安全文明。新世纪以来,安全文明、知识文明,生态文明、信用文明,这样两个体系相互融合。生态文明,信息文明,即物质和非物质文化,物质需求饱和到一定程度,就向非物质文化发展。

　　丝路五通,交通大学互联互通,北交大和北邮、对外经贸大成立了"一带一路"管理学院研究院,都涉及了互联互通的东西。心通言通是国际传播与文化传播,资通贸通是财经传播与产经传播,政通法通则是法律传播和制度传播。

　　在研究文化强国重大项目的时候,我们发现全球文化治理体系制度性话语权建构涉及文化方面的有三项:文化产业和文化资本、文化创新驱动的文化参与度,文化强国的文化结果。世界文化强国一共有五个要素:文化杠杆、文化结构、文化参与度、文化贸易、文化人才。文化自贸是由单向、双向、多边自贸区的自贸杠杆、丝路五通的自贸资产作用、自贸创新的自贸参与度、创新、协调、绿色、开放、共享的自贸结果和自贸治理体系建构的自贸统一。金融强国的全球金融治理体系包括跨境金融的金融资产作用,从亚投行到华联储人民币的金融参与度,人民币结算的金融结果,从文化资本到数字资本的金融统一性。数字强国的全球数字治理体系性话语前建构,互联网的数字杠杆、大数据

　　❶皇甫晓涛,北京交通大学中国文化产业研究院执行院长,教授。

的数据资产作用、智慧生活与3D打印、航天航空。

这几个自信体系，"社会主义+市场经济"的开放型制度自信自主创新体系，有很大的包容性。也是人民本位与依法治国的包容型道路自信自主创新体系，五大发展理念与四大发展类型。

任何事物都有其渊源、过程和结果，文明创新的渊源和再全球化的文化治理的文化学理论体系建构，从来没有引起过宗教、民族的冲突，非冲突的文明创新，最早的就是丝绸之路，"一带一路"。我认为一千年之前的清明上河图表现出来的汴京是最早的文化自贸区。第二个是非殖民的，因为"一带一路"没有留下过殖民地，也不想再留下殖民地。所以我们提出这样一个问题，文化自贸治理体系。第三个是非线性的，双元多边互动共享经济与联动经济。

美国全球与全球治理体系的文化平衡理论，文明冲突论的文化守衡理论，文化软实力的文化制衡理论。从经济学上，从自主经济、主体经济学和自贸经济学理论自觉和理论变革，从文化强国的自主经济到自贸强国的自由经济全球经济治理体系建构。文化经济与现代经济学的理论变革，从以物理学为理论内核的增长，均衡、杠杆原理，正在发生变革。

美国提出TPP，它的核心东西是从TPP到亚三角，亚欧、亚太、亚非，全球经济伙伴的对局与转型、融合。TPP的知识产权、货币自由、劳动权益保障、生态环保自贸治理体系建构。从单一的知识产权保护到"一带一路"文明创新的4.0领先创新；从单一的知识产权保护到"一带一路"支配世界财富中心转移；从环保法规到"一带一路"绿色、开放、共享生态文明；从单一的劳动者权益保护到"一带一路"的开放、包容、联动、共享的人民本位与民本治理体系。

文化1.0是文化资源与资源贸易，亚非更多的是资源，亚太是产能输出，中国是文化产业大国，2.0是文化科技和数字文化，3.0是产权和自贸，4.0是版权经济与非物权法，因为物权法推动了200万亿楼市城市化进程。我们按照这样的创新区域来做这个探索。自贸1.0报税港区单向物流外向型贸易，自贸2.0是跨境金融双边贸易，自贸3.0多边自贸区，自贸4.0自贸创新。我在自贸区研究发现，自贸区已经由生产资料开始转向生活资料。

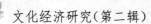

从珠三角、长三角、京津冀外向型增长极到亚三角外向增长极和泛亚、泛自贸创新驱动，"一带一路"不仅仅是基础设施。而是能够带来经济效益。下面来主要谈谈如何解决文化产业的转型问题。

第一是文化+科技。中关村互联网规范。

第二是文化+金融。文化与科技的融合比较成功，但是跟金融的融合就比较复杂，要充分考量资源动员和产能开发信息杠杆组织结构进行参与度的系统要素。

第三是文化+政治法规。关于非物权法，国家5A级旅游景区，我建议要开始做国家5A级文化景区规划。非遗和学科、教育、艺术之间的关联，同时提出向开放型进行转型，大数据自贸区的建设和规划。

第四是文化+教育。从文史哲到经管法国学MBA基础教育体系的确立，高等教育提出一个问题，现在大学精神的重建、品牌重建、文化重建、自治重建、学科重建、大学校园重建都非常重要，大学是培养领袖人才的地方，可是现在大学只是培养一个技工一样，这需要大学文化的复兴。

文化产业作为一级学科，现在文化产业的学科存在很尴尬，都在一个小学科里，文化产业作为一级学科制度性话语权与双一流标准建构亟待完善。

第五是文化+城市。我前几天去深圳提到深圳十大理念，深圳最让我感动的是包容失败、鼓励创新。我在人民日报写的文化资本最宝贵的是人才，深圳这座城市有着极强的包容性和自己的文化气质。

第六是文化+创新。我们国家创新体系、世界知识文明创新体系、世界闻名创新理论、世界知识财富主权文化制度理性话语权的建构。

第七是文化+健康。医疗大数据是亟待解决的问题，当前只是一些简单、传统化的加减乘除，我在北大跟学生讲课的时候，我说中国文化是儒释道科加减乘除，佛靠悟性是乘法，法家是规矩为标尺做除法。文化也是这样，应该有它自己的加减乘除，而不能一味地加。在北大论坛上我提出文化是生产力的核心要素、创新要素、优化要素，但是当前还普遍存在产业园区庸俗化、过度膨胀化、商品化，校园文化活动浮躁的现象。

文化缺什么？从文化为圣，文化为新、文化为用、文化为民，文化不能缺乏

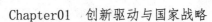

灵魂,学科与原创共进,因此要有一级学科的建设。

　　我们比较一下PPP和我们提出的自贸强国、文化强国,一元主权是说去主权化,知识产权是非物权法,金融资本收益率说的是文化资本收益率这样一些结构。

文化产业走出去路径探索

宫玉选[1]

当前我国文化产业走出去中面临的问题是如何将中国故事传播出去。下面我从企业角度来谈谈文化产业走出去的情况，以北京为例，当前只有少数的企业在文化走出去上做出成绩，因此围绕这方面的课题我们做了很多研究，总结一下在走出去过程中一些较好的国际化经营特色案例。

一、北京文化企业走出去的基本情况

北京的全国重点文化出口企业占比是第一，2014年，全国上规模的384家企业中有60家属于北京，其中比较出色的主要是动漫游戏，在文化输出中我们经常提及动漫游戏。但事实上动漫做的并不是很理想。游戏从目前来看，做的是最好的，它确实产生了很大的经济效益。从另外一个层面来讲，它是属于次文化，内涵不太深厚，虽然像完美世界、昆仑万维做的很多游戏都是代表中国的文化背景也有中国的元素。

其次，就是出版、影视、演艺。一些有代表性的企业，比如完美世界、昆仑万维等，虽然有一些互联网公司，他们做的IP的总数很大，但是在出口方面并不是太出色。有些出版社也是，数量很大，但是在出口方面还没有形成自己的品牌。有的出版社，像北京语言大学出版社，专门做外语教材的，做得比较出色。人民大学出版社做学术出版。《求是》是做政治素材的出版。四达时代主要做电视节目。出口地区比较多元，其中美国占40%多，欧洲占30%，亚太地区

———————
[1]宫玉选，北京外国语大学文化产业研究中心主任，中国文化创意产业研究会常务理事，教授。

占19%,不同细分的出口结构不太一样。

二、国际市场定位能力不断增强

在传统的经营观念中,一直以国内市场作为出发点,很少有企业从开发之初就想到国际市场。现在有些文化公司,特别是游戏公司走在最前沿,这里面有一个原因那就是中国的这些平台收费较高,国外的品牌收费比较低,比如在移动媒体终端的平台上,若是在腾讯上推一款游戏,腾讯拿90%的收成而制造商仅只有10%的收益。所以游戏制造商只好寻求国外市场,这样等于倒逼游戏产业走出去。出版界从国际上也发现了自己的市场位置。有些出版社认为国外的书对中国的认识是有问题的,所以要颠覆,要正本清源。

三、国际化品牌影响日益明确

品牌塑造上大家都知道,有研发、展示、推广等各个环节。其中展示是很重要的环节。现在少数公司学会利用国际展会去占领国际市场,很多出版订购都是在国际书展上做到的,有的出版商已经形成自己的品牌定位,而且在国际上也达成一致认知、共识。比如提起某个公司,人们会立刻反映出它在哪个领域实力最强。比如四达集团,在非洲做数字电影运营,完美世界是大型真人在线交互游戏。

四、人才管理国际化水平

现在有一些做得比较成功的企业,能够大胆地采用外籍员工,像四达时代、完美世界。研发管理的高级化,不仅自己研发,还购买入股欧美优秀的研发团队,使其快速提升国际化水平。

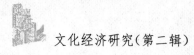

五、经营方式不断升级

从找海外代理到建立分支机构，再到并购，标志着经营方式的不断升级。形成一系列崭新的商业模式，其中有出版，也有海外的直销，还有版权引进和输出，还有在线服务等。就游戏来讲，一开始通过海外代理，如今国内的游戏公司完全可以自主研发和创立平台。

以自贸区为例谈文化产业协同发展

夏洁秋[1]

近三年来,我们一直在做关于上海自贸区的调研。上海自贸区是国家政策开放的首个自贸区,国家提供很多优惠政策,但是并没有形成很多自己的产业。怎么利用这个自贸区为我们的文化产业提供服务,跟文化产业协同发展?

自贸区按照最新的公布数据,新增了7家,到现在已经有11家,2015年的调研报告结果令人失望。很多情况都没有真实的反映出来,政府是需要有正面的信息,但是我们要客观反映当今存在的问题。政策试水的过程中,首先就上海自贸区文化产业政策做一个归纳。

自贸区文化产业政策红利有三块,一是相关领域对外商投资开放。包括像演艺领域、像游戏等。原来只对合资企业开放,现在是全面开放。游戏设备生产与加工,演艺经纪以及娱乐场所经营,它形成了一个庞大的文化产品、服务交易的产业集群。

二是治理制度改革。之前国民待遇,开放后实行监管的模式。审批简化,服务提升,投资优化,金融创新。在2015年做的调研里面,发现这四个方面不太充分,包括审批程序的简化。我们做的问卷中也反映服务体系不好。在调研过程中回应了很多老师们提到的问题,就是文化产业的跨界性和融合性,你是负面清单,不能做,但是很多跟负面清单相挂钩的,能不能做呢?

三是其他产业开放的联动效应。目前比较典型的是全国首个艺术品保税仓储的建立。

为什么体现出自贸区的政策效应? 在这里讲两个案例。

❶夏洁秋,同济大学文化产业系主任,副教授。

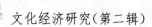

案例1：2014年春季，佳士得拍卖行决定在上海拍卖一幅由数百只蝴蝶标本制成的著名画作《魔鬼》，通过自贸区流程的节约，在接到申请报告之后，有关部门只用短短3天，就完成全部的流程。

案例2：2013年9月19日，中国收藏家刘益谦在纽约苏富比拍得素食《功甫帖》，通过交易中心，实现文物的展示进境、保税临时区，俭省了800万的税。

二、主要文化相关政策

2015年4月份《进一步深化中国(上海)自由贸易实验区改革开放方案》里提出，上海自贸区将深化实验区的功能，虽然很多企业到自贸区注册了，我们也做了一些分析，但是我们希望有更多的文创企业入驻，实际上并没有达到这样的理想效果。后来上海市做了一个政策调整，在后续阶段发展过程中，除了对企业的扶持，发现平台建设的完善是自贸区的亮点。

当前我国文化企业迅速增加，民营企业、中外合资企业比重较大。网络信息服务、游戏动漫娱乐、文化创意设计、艺术品、文化艺术表演、广播电影电视、新闻出版发行行业的企业数量较多。

文化产业服务平台建设概况，是到2015年发现，企业没有如之前预料的快速增长，尤其没有达到之前所希望的相互借鉴和协同发展。但是我们发现做好服务，就有可能实现协同发展。有三个板块在做，文化版权贸易服务平台，现在重点扶持文化床被产业服务平台，这个平台非常重要，但国内目前没有，这个平台由哪里来做？自贸区在上海，专门把资金给上海一家公司做这个平台，现在已经初见端倪。

今年大家都看到了G20晚会，这个晚会是内容、形式，尤其是技术的高度融合，我们看到了很多文化产业装备的新技术在此次晚会中的应用，呈现出一场视听盛宴。这是一个非常大的市场，它同时也反映出一个市场空缺问题。目前中国的文化装备产业水平跟国际比起来落后很多，为什么用自贸区达成国际的协作？主要是基于目前国内市场很大，现在都在建各种主题园区，旅游景区，到处要建实景演出，对文化装备的需求非常大。目前因为没有一个很好的集约大型的平台，很多的企业实体要是能拿到装备，他的成本就比较高。我们现在的资源优势是国家的对外贸易文化基地设在自贸区,这个平台建在上面,目前把它列为上海市的重点项目。

经过两年的努力,资源整合不错,已经跟全球文化装备顶级的NAB全方位合作,今年12月份即将在上海举办第一次NAB的子论坛,欢迎大家参加,这将是亚洲乃至全球范围内水平最高的活动。我们把它选择在上海,希望在这个领域上,从教育、培训和产业合作商做一些工作。

自贸区文化装备产业应用示范中心,现在设备还在更新。

三、上海自贸区文化产业发展政策优化路径

第一是提高服务质量完善服务体系。仅仅依靠优惠政策,以及较好的名头,远远不够。最后的服务有没有落到实处,这非常关键。

第二是政策有缺陷。

第三是政策宣传不到位。

优化方式,一是推进政策创新,二是推广政策创新成果,光有创新还不够,你怎么把政策落实?对所有的实验区来讲,这是关键。还要进一步强化让政策的宣传效果更好,提升服务水平,优化办事流程,提升服务的专业化水平。这里就涉及人才的问题,自贸区有很多的服务性专业人才也非常欠缺,服务渠道还存在很大的问题。

大力发展与"一带一路"沿线国家的
出版贸易，提升软实力

方　英❶

·

　　文化是"一带一路"的灵魂，文化传承与创新是各国经济贸易合作的"软"支撑。我最近承接了一个"一带一路"和文化贸易发展相关的课题，研究了中国与"一带一路"沿线国家的出版贸易的格局问题，皇甫晓涛老师用经济学、传播学和文化资本的观点做了一个特别宏大的阐述，而我的阐述则相对比较聚焦和微观。最近央视在热播"一带一路"的纪录片，涉及30多个国家，沿着陆上丝绸之路和海上丝绸之路的轨迹，给我们展示了中国与"一带一路"沿线国家在基础设施互联互通、经贸金融产业合作、人文交流、生态合作等方面的重要进展。真正的互联互通是要心灵的沟通、增强互信、加强了解，真正要做到这种互联互通，文化交流与合作应该是先行的。基础设施的互联互通实质上只是一个工具和平台，我们要通过借助这样的平台来传播中国文化，与"一带一路"国家间实现人文交流，增强心灵上的互联互通，这样才能够提升整个中华的软实力。

一、大力发展与"一带一路"沿线国家出版贸易的重要意义

　　"一带一路"旨在实现"五通"，即"政策沟通、设施连通、贸易畅通、资金融通和民心相通"，其中，"民心相通"是社会根基。图书、报纸、期刊等出版物是

---

　　❶方英，中国传媒大学经济与管理学院教授。

传播中国文化的最佳载体,也是推动国与国之间实现人文交流、民心相通的重要凭借。全球范围内国家形象的建构重心逐渐从政治话语、经济话语开始转向文化话语,积极打造中国文化国家形象,构建具有中国特色的文化软实力是我们的当务之急。五十年代我国与苏联、东欧等社会主义国家的出版贸易以及六十年代初期我国与亚非第三世界国家的出版贸易和非贸易形式的文化活动在树立国家形象、争夺国际话语权中做出了积极的贡献。五十年代的中国,在"学习苏联"的政策下,大量引入苏联及东欧国家文学作品,《钢铁是怎样炼成的》《卓娅与舒拉》《静的顿河》等优秀文学作品在中国大地上广为流传,培养着一种跨国界的、国际主义的社会主义认同观。同时,中国的古典文学、"五四"新文学、社会主义现实主义文学以及荣获斯大林文学奖的作品也被翻译到社会主义国家。1951年荣获斯大林文学奖的两部作品即丁玲的《太阳照在桑干河上》、周立波的《暴风骤雨》是最系统翻译到国外去的文学作品,除了显示本民族的荣耀和尊严,也共享了社会主义世界的主题和精神,促进社会主义世界的团结和凝聚,在加强对外宣传,树立国家形象上起了非常重要的作用。

我国与西亚、中亚、东欧、南亚和东南亚等地区的国家和人民在历史上有很好的文化交往,在当今也有很好的政治、经济和文化合作。"一带一路"战略构想把中国图书出版传播到"一带一路"沿线国家、加强与当地人民的图书出版合作和文化交流,提到了一个全新的高度。通过与沿线国家发展图书版权贸易,让更多的国家和地区的人民,从知道中国,转变为了解中国和向往中国。这种文化输出的影响是深远的,不仅直接促进我国图书版权输出种类的增加和市场的扩大,也将带动影音作品、电影电视、电子出版物等相关文化产品的出口,提升中华文化的软实力。

二、中国与"一带一路"沿线国家出版贸易现状

根据联合国教科文组织的文化统计框架,核心文化产品包括:文化和自然遗产、演出和节庆、视觉艺术和工艺品、出版物、视听和交互媒介、设计。本文的出版贸易主要指图书、报纸期刊、其他出版物(包括儿童画报、成册的各种印刷的地图及类似图表、贺卡、挂历、日历等)贸易和图书版权贸易。数据来自联

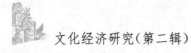

合国商品贸易数据库（United Nations COMTRADE database），根据HS2007的分类精确至6级编码进行整理及归总。

"一带一路"是一个开放的国际区域经济合作网络，还没有精确的空间范围。为了研究方便，本文设定研究范围包括中亚5国、蒙俄2国、东南亚11国、中东欧16国、南亚8国以及西亚18国，共60个国家和地区。

（一）中国与"一带一路"沿线国家出版物贸易占比低

中国的文化产业起步较晚，虽然发展迅速，但文化产品贸易额在贸易总额中所占的比重仍然较小。中国对"一带一路"沿线国家的出版物出口绝对数额在逐年增加，但2011—2015年，其占中国对60国全部商品出口额的比重在0.03%~0.04%，出版物进口占全部商品进口额的比重在0.01%左右，占比非常低。此外，"一带一路"战略建设将为中国与丝路沿线国家加强贸易合作创造有利契机，中国与60国的贸易额不断增加，但是出版产业的合作程度远远低于其他领域，例如，2015年中国对60国出版物出口在中国出版物总出口中的占比为5.56%（见表1-1），远远低于中国对60国的货物出口在中国总出口中的占比25.54%，说明中国与丝路国家间的出版贸易有进一步大力发展的空间。

表1-1　中国与"一带一路"沿线国家出版物贸易情况

年份	2011	2012	2013	2014	2015
对60国出口额(亿美元)	1.27	1.75	2.17	1.97	1.47
中国出版物出口总额(亿美元)	23.62	25.20	25.79	26.80	26.40
对60国出口占比(%)	5.36%	6.96%	8.42%	7.36%	5.56%
对60国进口额(亿美元)	0.27	0.27	0.39	0.35	0.33
中国出版物总进口额(亿美元)	4.09	4.53	5.00	5.27	5.48
对60国进口占比(%)	6.64%	6.07%	7.87%	6.68%	6.02%
对60国出版物贸易差额(亿美元)	1.00	1.48	1.78	1.62	1.14

（二）中国与"一带一路"沿线国家的出版物贸易总体上呈顺差格局

2011—2015 年中国与"一带一路"沿线 60 国的出版物贸易总体呈顺差格局,2013 年顺差最大,达到 1.78 亿美元(见表 1-1)。在三大类出版物中,图书和其他出版物贸易呈顺差态势,报纸贸易呈小额逆差态势。虽然与中国与"一带一路"沿线 60 国的出版物贸易呈顺差格局,但总体贸易额较低,与出版大国地位极不相称。在全球图书市场中,美、英、法、德、日等少数国家,其人口只占世界人口的 10%,但其图书销售额和版权贸易量却占到了全世界的 50% 以上,其中美国为 22%,法国为 14.7%。而拥有世界五分之一人口的中国,却仅仅占世界份额的 0.2%。我国出版贸易状况与世界出版大国地位极不相称,与我国和平崛起的文化大国的地位也极不相称。

（三）区域板块来看,中国与东盟出版物贸易占比最大

中国和东盟是互利共赢的好伙伴,双方建立对话关系至今已有 25 年,经贸合作发展迅速,中国和东盟的货物贸易规模不断扩大,目前,中国是东盟第一大贸易伙伴,而东盟是中国的第三大贸易伙伴。2010 年中国—东盟自由贸易区的建立,全面实施"零关税"促进了中国与东盟间出版物贸易的大发展。2013 年中国向东盟国家出版物出口额达到 1.09 亿美元(见表 1-2),出口占比达到 50%,中国向西亚的出口占比从 2011 年的 14% 增加到 2015 年的 22%。中国向蒙俄的出口逐年小幅下降,出口额由 2011 年的 0.46 亿美元降到 2015 年的 0.15 亿美元。而在出版物的进口贸易中,2013 年中国从东盟进口额达 0.37 亿美元(见表 1-3)。2011—2015 年中国从东盟的进口占比平均在 90% 以上,中国从中亚 5 国进口额几乎为零,出口额也很少,说明中国与中亚国家之间基本没有翻译出版过图书,彼此间文化交流较少。中国从蒙俄、南亚、中东欧和西亚国家的进口额也很小,中国与六大板块间的出版物贸易不平衡。

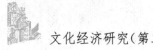

表1-2　中国向六大区域出版物出口额(单位:百万美元)

年份	2011	2012	2013	2014	2015
中亚	4.82	6.21	5.52	4.85	5.07
蒙俄	45.66	40.98	39.98	38.38	14.58
东盟	37.84	75.24	109.21	92.52	68.79
南亚	9.44	14.68	21.99	17.43	14.82
中东欧	11.68	13.15	15.49	12.56	11.15
西亚	17.20	25.10	25.03	31.60	32.29

表1-3　中国从六大区域出版物进口额(单位:百万美元)

年份	2011	2012	2013	2014	2015
中亚	0	0	0	0	0
蒙俄	1.21	1.15	1.40	2.27	1.37
东盟	24.92	25.65	36.96	31.66	29.32
南亚	0.38	0.38	0.50	0.58	1.27
中东欧	0.32	0.09	0.30	0.42	0.85
西亚	0.35	0.20	0.18	0.23	0.22

(四)图书版权贸易主要集中于中俄和中新之间,区域结构明显失衡

我国图书版权贸易在全球区域分布上呈现明显的外部失衡状态,2011—2015年位于我国图书版权引进前三位的国家是美国、英国、日本,在此期间从这些国家和地区共引进版权37415种,占我国图书版权引进总数的60%;位于我国图书版权输出前三位的国家和地区是中国台湾、韩国、中国香港,在此期间向这些国家和地区共输出图书版权12704种,占我国图书版权输出总数的45%。我国与丝路国家间的图书版权引进和输出地主要是俄罗斯和新加坡,但占比非常小,2015年中国从俄罗斯和新加坡引进版权占比只有1.98%,中国向俄罗斯和新加坡输出版权占比只有5.25%。与其他丝路国家间的版权贸易几乎为零。在"一带一路"战略布局下,出版企业应积极探索图书版权贸易发展

的新路径,积极参与文化传播和图书版权贸易。

三、大力促进中国与"一带一路"沿线国家出版贸易的策略

(一)出版企业要借力政府的各项扶持政策,积极向丝路沿线国家"走出去"

版权贸易本质上是基于文化文本而运行的知识传播活动,在国际文化交流中更是显现文化软实力的重要表征,其显著的外部性特征是政府要进行规制尤其是激励性规制的必然逻辑。政府为出版业"走出去"提供了很多推广、营销平台和机会,出版企业要用实际行动实践国家战略,借政府的政策、资金扶持,运用政府搭建的平台,完善自身的品牌建设和对外营销能力,采用市场化运作的方式,制定对接国际市场的工作实施方案。

(二)出版企业要积极探索以多渠道的方式开展国际合作

出版企业要积极探索以多渠道的方式与"一带一路"沿线国家开展国际文化交流和合作。出版企业应注意研究国际图书版权市场的文化消费心理和市场营销特点,打造具有世界影响力的自主品牌产品,深入探索中国形象、中国故事、中国精神等中华文化的出版表现形式,扎实做好图书输出和版权售卖。出版企业在努力做好版权输出的同时,在资本层面也要寻求国际合作,通过与国外出版机构的合作,双方可共享优质资源、共享销售发行渠道、共享出版市场。此外,出版企业特别要对"一带一路"沿线国家的国际书展予以充分关注,关注这些国际书展的地域特性、文化特性和语言特性,配合我国一带一路建设,积极参与文化传播和图书版权贸易。

(三)出版企业要大力发展数字出版形式

在互联网+的时代,出版融合发展是大势所趋,出版业也要跟上新的社会

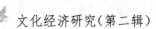

趋势,运用先进的技术手段大力发展数字出版,并根据数字产品的形态特点,配合数字印刷、移动阅读等应用,实现多渠道、多元化的产品输出,打造立体化传播体系。通过一系列外向型优秀图书选题的翻译、出版、推广,相关期刊数据库、电子书、网络出版等数字出版产品和服务,采用版权输出和合作出版等方式,实现对外出版发行,进入丝路沿线国家主流发行渠道。出版企业还要注重版权资源的多元化开发,将优秀的版权资源与动漫、游戏、影视和其他衍生品的开发相结合,同时加大客户端等新技术产品的开发,实现版权和品牌价值的最大化。

(四)大力培养翻译和版权贸易人才

中国图书的对外出版,关键是翻译人才队伍的建设,但"一带一路"国家绝大部分属于发展中国家,基本上不可能大规模、有组织、有计划地开展中国图书等文化产品的翻译出版活动。这就要求我们要重视翻译队伍建设,立足国内,面向国外,培养一批高素质的翻译人才。此外,图书出版从题材的选择,到文字的翻译,从营销的方向到合作的模式,再到相关政策和法律的研读,对输入国文化和市场的了解,都离不开专业的版权贸易人才。而我国目前还缺少具有国际竞争力的龙头企业,缺乏跨文化传播和经营的版权贸易专门人才,这就需要政府、企业和高校一起协作创新人才培养模式,培养一批具有专业素质和国际眼光的版权贸易综合性人才。

"一带一路"战略构想,是国际合作的新平台,为沿线国家优势互补开启了新的发展机遇,既是贸易交流通道,又是人文交流通道。通过出版贸易,加强丝路沿线各国文化交流和贸易往来,并以此为载体,将我国优秀文化及和谐发展、和平共处的理念传播出去,使不同文化背景、不同宗教信仰的各国、各地区、各民族人民增进交流、理解、沟通、尊重,增强"一带一路"建设的文化认同。

文化线路视域中的丝绸之路（敦煌）国际文化博览会

彭岚嘉❶ 杨 华❷

2013年9—10月，习近平提出了"丝绸之路经济带"和"21世纪海上丝绸之路"并举的"一带一路"的战略构想。2014年6月，世界遗产大会上，中国、哈萨克斯坦和吉尔吉斯斯坦三国联合申报的"丝绸之路：起始段和天山廊道的路网"以文化线路的类型进入世界遗产名录。2015年11月，举办丝绸之路（敦煌）国际文化博览会的报告获得国家正式批复，永久会址设在甘肃敦煌。丝绸之路（敦煌）国际文化博览会是经党中央、国务院批准的"一带一路"建设中唯一的文化战略平台，是继华夏文明传承创新区之后国家在甘肃布局的又一个文化建设重大项目。

一、文化线路与丝绸之路

1998年，国际古迹遗址理事会（ICOMOS）提出以"交流和对话"为特征的跨地区或跨国家的文化线路的理念（cultural routes or cultural itinerary）。2003年世界遗产委员会修订的《实施保护世界文化与自然遗产公约操作指南》对文化线路的定义为："一种陆地道路、水道或者混合类型的通道，其形态特征的定型和形成基于它自身具体的和历史的动态发展和功能演变；代表人们的迁徙和

❶彭岚嘉，兰州大学西部文化发展研究中心主任，教授、博士生导师。
❷杨华，西北师范大学传媒学院副教授，兰州大学文学院博士生。

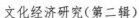

流动,代表一定时间内国家、地区内部或国家、地区之间人们的交往,代表多维度的商品、思想、知识和价值的互惠和不断的交流,并代表因此产生的文化在时间和空间上的交流与相互滋养,这些滋养长期以来通过物质和非物质遗产不断得到体现。"文化线路的概念后来又扩展为线性文化遗产,线性文化遗产是指在拥有特殊文化资源集合的线形或带状区域内的物质和非物质的文化遗产族群,因其线状的分布和遗存特性而得名。线性文化遗产强调空间、时间和文化因素,强调线状各个遗产节点共同构成的文化功能和价值以及至今对人类社会、经济可持续发展产生的影响。文化线路与其他遗产类别的不同,在于其更强调线路带来的各文化社区间的交流和相互影响。

近年来,已列入《世界遗产名录》的线性文化遗产有:西班牙的德孔波特拉朝圣通道、法国的米迪运河、奥地利的塞默林铁路、阿根廷的科布拉达·德·胡迈海卡山谷、日本的纪伊山脉胜地和朝圣之路、以色列的香料之路——内盖夫地区的沙漠城市、加拿大的里多运河等。

2014年世界遗产大会上,中国、哈萨克斯坦和吉尔吉斯斯坦三国联合申报的"丝绸之路:起始段和天山廊道的路网",中国申报的"中国大运河"就是以文化线路的类型进入世界遗产名录。2014年世界遗产大会上世界遗产委员会认为,丝绸之路见证了公元前2世纪至公元16世纪期间,亚欧大陆经济、文化、社会发展之间的交流,尤其是游牧与定居文明之间的交流;它在长途贸易推动大型城镇和城市发展、水利管理系统支撑交通贸易等方面是一个出色的范例;它与张骞出使西域等重大历史事件直接相关,深刻反映出佛教、摩尼教、拜火教、祆教等宗教和城市规划思想等在古代中国和中亚等地区的传播。此次申报的丝绸之路段落在丝绸之路交通与交流体系中具有突出的特点。长达5000公里的起始段和天山廊道路网是在绵长的丝绸之路路网中的一部分,从汉唐的都城长安/洛阳出发,一路向西延伸至中亚七河地区。丝绸之路是东西方之间融合、交流和对话之路,近两千年以来为人类的共同繁荣做出了重要的贡献。它对多种文明的交流起到了促进作用,为商品交换、宗教信仰、科技知识、技术创新、文化实践和文学艺术的深度交流提供了便利。

这就证明横贯亚欧大陆腹地的丝绸之路,为古代东西方之间民族往来、经济贸易、文化交流做出了重要贡献,这条国际性通道被誉为全球最重要的商贸大动脉,实不为过。传统的丝绸之路,起自中国古代都城长安,经中亚国家、阿富汗、伊朗、伊拉克、叙利亚等而达地中海,以罗马为终点。这条路被认为是连结亚欧大陆的古代东西方文明的交汇之路,而丝绸则是最具代表性的货物。数千年来,它是中国与中亚、南亚、西亚以及欧洲、北非的陆上贸易交往和文化交流的陆路通道。随着时代发展,丝绸之路成为古代中国与西方所有政治经济文化往来通道的统称。

　　作为一条历经千年沧桑的大陆通道,丝绸之路上留下了数以万计的珍贵物质文化遗存,也留下诸多的宝贵的精神文化财富。自丝绸之路开凿以来,中国文化与丝绸之路沿线国家文化始终处于交流交融发展的过程,从未间断过。正是由于丝绸之路的繁荣兴盛,世界开始了解中国,中国开始走向世界,东西方文明携手相行。中华民族的文化血脉中,有中亚、西亚乃至欧洲诸多国家的文化元素,形成了你中有我、我中有你、各美其美、美美与共的融合发展底色。这一切就为亚欧大陆共建丝绸之路经济带提供了文化认同和文化保证。以文化认同为基础增强政治互信和经贸互通,必将对中国的和平崛起起到保障和支撑作用。

二、文化发展的国家平台

　　甘肃地处东亚与中亚的结合部,位居丝绸之路枢纽地带,是世界上四大文化体系的汇流之区。敦煌乃至整个甘肃文化在世界文化版图上占据着无可替代的举足轻重的地位。正如季羡林先生指出,"世界上历史悠久、地域广阔、自成体系、影响深远的文化体系只有四个:中国、印度、希腊、伊斯兰,再没有第五个;而这四个文化体系汇流的地方只有一个,就是中国的敦煌和新疆地区,再没有第二个。"敦煌作为历史上的边陲重镇、通往西域的"咽喉锁钥",自张骞打通西域之后,中原文化就在这里扎根,并始终居于主体位置,重要的地理位置又使敦煌成为接触西方的前沿之地、汉唐以来率先开放的地区。横贯东西、连接欧亚的丝绸之路,不断推动着敦煌的繁荣与发展,敦煌也见证着丝绸之路的兴衰成败。各个国家、不同民族的互动和交流,在这里汇聚沉淀,各种文化、多元文明的碰撞和交融,在这里凝结升华,长期的吸收与借鉴,滋养着敦煌文化,丰富了敦煌文化。相互影响、相互交融,构成了敦煌文化最为显著的特征,极富亲和力、充满包容性的"国际化"基因,从一开始便根植于敦煌的血脉。在河西走廊的敦煌,能集中体现出"和平合作、开放包容、互学互鉴、互利共赢"的丝路精神。西方文化进入中国后,首先要通过西域到河西走廊,在这一陆路孔道中进行中国本土化的转化和创新性的发展,如佛教文化与西域歌舞艺术、汗血马、乐器、玉器、葡萄、苜蓿等即是如此。其次中国的丝绸、茶叶、瓷器、印刷术等先进文化也要通过这一陆路孔道进入西方世界。由此,甘肃是丝绸路上的黄金地段,是中西文化交流、交融及创生衍化的大舞台和加工场、孵化器,甘肃是丝绸路上诸多民族频繁往来、交流、聚集之地,文化特色上表现出鲜明的开放、多元、互补的风格,成为东西方文化交流交融的生动缩影和典型例证。

可见,地处"丝绸之路经济带"的黄金地段的甘肃,在"一带一路"的战略实施过程中有着明显的地缘优势。甘肃的文化产业开发有赖于两条非常重要的文化线路,一为丝绸之路,一为黄河水道,丝绸之路从东南向西北,黄河水道自西向东,这就形成了甘肃文化产业开发的基本构型,是横贯全境的一个巨大的"X"形,正是这一构型决定着甘肃文化产业的成效。兰州文化圈正好处在两条文化线路的交汇点上,所以作为省会城市兰州的文化产业开发就与这两条文化线路有着极为紧密的关联。在文化建设风起云涌的大潮中,甘肃文化产业在"十二五"时期也有了长足的进步,文化产业的产值占GDP比重分别是1.24%、1.38%、1.67%、1.94%、2.31%,增速明显加快,后发优势初现。但从这些数字可以看出作为西部欠发达省区,要在2020年达到文化产业成为国民经济支柱性产业的目标尚有很大距离,同时也从侧面证明省域文化产业发展尚有很大空间。

因此国家在近年先后给甘肃批准文化发展的两大平台,2013年1月,国务院办公厅批复同意支持甘肃省以建设华夏文明传承创新区为平台整体推进文化大省建设,按照国家关于甘肃发展的战略定位和建设文化大省的总要求,打破现有行政界限,统筹全省文化资源和各类生产要素,以文化建设为主题,以经济结构战略性调整和经济发展方式根本性转变为主线,确定围绕"一带"、建设"三区"、打造"十三板块"的工作布局。一带是指丝绸之路文化发展带,三区分别为以始祖文化为核心的陇东南文化历史区、以敦煌文化为核心的河西走廊文化生态区、以黄河文化为核心的兰州都市圈文化产业区,目标是探索经济欠发达但文化资源富集地区实现转型跨越发展的路子,为同类地区与全国同步进入小康社会提供示范。这一平台内向型的,旨在充分挖掘悠久厚重的历史文化资源和丰富多彩的自然人文资源,把优势的文化资源转化为现实的文化生产力和经济实力,促进文化产业的跨越式发展。

2015年11月,党中央、国务院正式批准甘肃省举办丝绸之路(敦煌)国际文化博览会。丝绸之路国际文化博览会是丝绸之路经济带建设中唯一的文化战略平台,是继华夏文明传承创新区之后国家在甘肃布局的又一个文化建设重大项目。国家之所以选择在甘肃敦煌举办文化博览会,一是悠久厚重、辉煌灿烂的丝绸之路历史文化奠定了坚实的基础,二是"一带一路"的国家战略构想建设需要重要的国家平台,三是丝绸之路沿线国家的对于经济文化共同发展的热切期盼。重振丝路雄风不仅是中国的美好愿望,也是沿线各国人民的真切向往。文博会的目标是建成中国与丝绸之路沿线国家开展文化交流合作的重要平台、推动中华文化走出去的重要窗口、丝绸之路经济带建设的重要支撑。可见这一平台是外向型的,旨在通过丝绸之路国际文博会的举办,围绕"推动文化交流、共谋合作发展"主题,打开对外开放新窗口,使"一带一路"沿线省份、城市在丝路文博会实现资源共享、机遇共享、思路共享,助推沿线各国和地区交流交往交融。

首届丝绸之路(敦煌)国际文化博览会于9月20日在甘肃敦煌启幕。本届文博会由中国文化部、国家新闻出版广电总局、国家旅游局、中国贸促会、甘肃省人民政府主办。共有85个国家、5个国际和地区组织的95个国外代表团确定参会,国内参会代表团达51个。届时,约1700名国内外嘉宾和300多名记者将参会。首届丝绸之路(敦煌)国际文化博览会将围绕高级别论坛和丝绸之路文化年展两项核心活动,配套开展一系列分项活动。大会讨论通过并发布《敦煌宣言》,进一步传承和弘扬丝路精神,积极推动沿线国家和地区形成文化共识、加强交往合作。

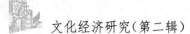

　　"伴随着交通运输的进步和信息网络的联通,经济全球化的趋势越来越为明显,开放与交流已成为世界潮流。在世界文明从江河向海洋再向陆桥经济的过渡中,丝绸之路呈现出愈来愈重要的作用,新型的运输线可以将沿线的各种物资以最简便、迅速、安全的方式,加速世界经济的大循环。通过对古代丝绸之路的保护和开发,既可以为沿线的发展中国家提供可资参考的宝贵的历史经验,又能与全面贯通的亚欧大陆桥相辅相成,全方位地拓展其辐射功能,一线串珠,襟带万里,沿桥各国的经济文化必将日益繁荣起来。"甘肃历来是承东启西、连接欧亚的重要战略通道,在"一带一路"战略实施中就应抢抓先机,把丝绸之路黄金段建设与区域开发开放结合起来。"一带一路"面临的前所未有的机遇,也是前所未有的挑战。甘肃作为"一带一路"建设的重点省份,在国家"一带一路"开放建设的大战略中,由开放的后方变成了开放的前沿。因此,甘肃更有条件既借助国内发达地区力量,又借助丝路沿线国家的力量发展自己。同时,"一带一路"建设是全国性的机遇,各省区都在同一起跑线上,发达省区是轻装上阵,欠发达省区也得把握机会,顺势而为,充分利用丝绸之路核心地带和文化资源沉积深厚的优势,迎头赶上。借助华夏文明传承创新区和丝绸之路(敦煌)国际文化博览会两大战略平台,广泛推动国际文化交流融合,吸引丝绸之路各国经济、文化、技术在甘肃和丝绸之路沿线形成汇集效应,以文化的开放带动经济的繁荣发展。以丰厚的文化资源为基础,以前瞻的文化创意为引导,以先进的科技手段为支撑,以独特的差异化发展为选择,充分利用利用文化资源富集地区文化产业发展的后发优势,把丝绸之路沿线建设成为资源依托型的文化产业示范区域、向西开放的文化产业新高地,使丝绸之路经济带黄金段名实相符。

三、丝路文博会的意义

　　丝绸之路(敦煌)国际文化博览会作为以人类重要的文化线路为主题的文化博览会,必将会对丝绸之路的再度复兴,对亚欧大陆的经济文化交流与合作,乃至世界经济文化的发展产生积极而深远的影响。

　　文博会是丝绸之路沿线国家文明对话的重要战略平台。"一带一路"战略立足于沿线国家和地区共同发展的需要,旨在打造政治互信、经济融合、文化包容的利益共同体、命运共同体和责任共同体。丝绸之路(敦煌)国际文化博览会,是面向"一带一路"沿线国家的开放性、包容性、国际化、多元化、立体式的文化交流合作平台,不仅是中国的盛会,更是沿线各国、各地区共同的盛会,将集中展示各国丰富多彩的文明与文化,推进国际文化交流互鉴与合作共赢。 文博会的持续举办,在未来几年内,将迅速成为内容体系完备、运转机制流畅、影响力知名度较高的国际性博览会,也是沿线地区和国家普遍认可且广泛参与、对"一带一路"战略支撑效果明显、对地区经济文化发展带动作用较强、具有国际水准的复合性国际合作平台。

　　文博会是"一带一路"建设的重要支撑平台。"一带一路"战略是实现我国政治安全、经济安全和文化安全的战略抉择,但世界各国对此却有不同看法。国之交在于民相亲,民相亲在于心相通。民心相通是政策沟通、道路联通、贸易畅通、货币流通的基点。文化的对话、交流与合作不仅是不同民族、不同信仰、不同传统的国家增进人民友谊、促进经济合作的基础,也将为推动各国协同发展做出重要贡献。丝绸之路(敦煌)国际文化博览会是"一带一路"建设中唯一的以文化为主题的国家级平台。不仅是弘扬丝绸之路精神、增进文化交流的现实选择,而且也是丝绸之路沿线国家和地区拓展新的发展空间的客观需要。"一带一路"建设中的文化先行,也是为世界各国的深度合作打下坚实的文化基础。

　　文博会是中华文化走出去的重要前沿平台。丝绸之路文化中既有中华民族文化的血脉,又有沿线诸多国家的文化元素,形成了你中有我、我中有你、各美其美、美美与共的文化融合发展底色。沿线国家在文化上对丝绸之路文化有一种天然的认同感,这种文化基因不因为民族不同,不因为地理遥远,而变得陌生或隔阂,以丝绸之路文化为天然纽带,各国都能找到相互之间的文化记忆,甚至相近的文化符号,以文化认同为基础增强政治互信和经贸互通。当今,文化消费已经形成全球化的趋势,这就要求突破区域限制,以更广阔的视野,在更大的国际平台上谋划文化产业发展,积极发挥市场主体性作用,调动各类文化企业的积极性,通过举办国际性文化产业交流交易活动、开展文化产业项目国际合作、建设国际营销网络等方式，使更多优秀的中华文化走向世界，推进国际文化产业交流合作。

四、关于丝路文博会的一些思考

由上可见，丝绸之路（敦煌）国际文化博览会是实施"一带一路"国家战略的创新之举，随着每年一届的文博会的持续举办，必然会积累更多的经验。但要把这一关乎国家方略的国际性盛会办好，达到上述的几个目标，还应当充分关注一下几个方面。

一是文化线路的视野。世界遗产是被确认的人类罕见的、目前无法替代的财富，是全人类公认的具有突出意义和普遍价值的文物古迹及自然景观。文化线路是世界遗产委员会对世界文化遗产的重要分类，"其形态特征的定型和形成基于它自身具体的和历史的动态发展和功能演变，代表人们的迁徙和流动，代表一定时间内国家、地区内部或国家、地区之间人们的交往，代表多维度的商品、思想、知识和价值的互惠和不断的交流"。丝绸之路是贯通亚欧腹地的一条国际文化线路，既是经济贸易之路，也是文化交流之路。通过丝绸之路沿线国家和地区的文化交流与合作，创造更加丰富、更高质量的文化产品和文化服务，加强丝绸之路沿线各国文化交流和贸易往来，并以此为载体，将各国优秀文化及和谐发展、和平共处的理念传播出去，使不同文化背景、不同宗教信仰的各国、各地区、各民族人民增进交流理解、沟通、尊重，增强对丝绸之路经济带这条文化线路的世界认同。

二是战略平台的意识。丝绸之路经济带战略和丝绸之路文化产业带的构想，不仅是中国"西部大开发"的简单升级，而是中国未来对外开放的重大战略举措。丝绸之路经济带建设的成功，也将有助于解决中国经济面临的区域不平衡、城乡差距、经济安全、能源安全、能源结构文化发展、边疆稳定等诸多问题。丝绸之路（敦煌）国际文化博览会是丝绸之路经济带和文化产业带建设的重要举措，通过丝绸之路文化产业带建设，来加快中国丝绸之路沿线地区特别是西部地区、边疆地区、民族地区文化产业发展，把文化产业培育成为区域经济支柱性产业，充分发挥文化产业拉动经济发展、扩大就业、促进消费等方面的作用。同时，推进"一带一路"建设，既是中国扩大和深化对外开放的需要，也是加强和亚欧非及世界各国互利合作的需要，积极构建全方位开放的新格局，深度融入世界经济共同体。

三是文化交流的使命。古丝绸之路不仅是中国与欧亚非各国之间商业贸易的通道，更是沟通东西方文明的桥梁。历史上丝绸之路有诸多民族频繁往来、相互交流，文化特征表现出鲜明的开放、多元、互补、交融的风格，成为东西方文化交流交融的生动缩影和典型例证，丝绸之路文化是沿线国家共同的一种文化记忆和文化符号。古代丝绸之路的文化精神的影响力超越了时空，在促进了东西方的思想交流和文化的交融的同时，也成为后世可以永续利用的历史遗产。因此，倡导文明宽容，尊重各国发展道路和模式的选择，加强不同文明之间的对话，求同存异、兼容并蓄、和平共处、共生共荣。积极发挥文化的桥梁作用和引领作用，加强各国、各领域、各阶层、各宗教信仰的交流交往，以此来推动和促进实现沿线各国全方位的交流与合作，并以此带动这条沟通亚欧大陆的贸易之路和文化线路的再度复兴。

四是合作共赢的思维。丝绸之路是一条互尊互信之路，一条文明互鉴之路，一条合作共赢之路。进入21世纪，在以和平、发展、合作、共赢为主题的新时代，面对复苏乏力的全球经济形势，纷繁复杂的国际和地区局面，传承和弘扬丝绸之路精神更显重要和珍贵。丝绸之路(敦煌)国际文化博览会这一重要平台，有助于促进丝绸之路沿线各国不同文明的共同发展。古丝绸之路沿线国家友好交往的历史表明，只要坚持团结互信、平等互利、包容互鉴、合作共赢，沿途所有国家完全可以共享和平、共同发展，东西方的文化交流和融合才会加速。通过丝绸之路文化产业带建设，有助于提升沿线国家国际话语权和影响力。多姿多彩的丝绸之路沿线国家民族文化促进了人类不同文化的交相辉映、交流互鉴，今天沿线国家开展文化交流与合作，将有助于壮大沿线国家民族文化在世界文化舞台上的力量，同时也有助于增强这一区域在国际事务中的声音和话语权。

丝绸之路(敦煌)国际文化博览会，既是丝路文化的敦煌展示，也是中国文化的世界表达。古道流金，新路溢彩，古老的丝绸之路留下灿烂珍贵的文化遗产,重新崛起的新丝绸之路又焕发出前所未有的光彩。道接五洲,文通四海,丝绸之路本来就是东西方之间融合、交流和对话之路,近两千年以来为人类的共同繁荣做出了重要的贡献。它对多种文明的交流起到了促进作用,为商品交换、宗教信仰、科技知识、技术创新、文化实践和文学艺术的深度交流提供了便利。随着"一带一路"战略的逐步实施,文化的丰富性和多元化使古老的丝绸之路再次焕发出前所未有的勃勃生机,为未来世界经济文化的发展提供一种可以期待的多级经济繁荣发展、多元文化交流融合的前景。从这个意义上看,丝绸之路(敦煌)国际文化博览会无疑具有积极而深远的影响力,文化创新激发古道活力,文化包容促推亚欧联动。贯通在亚欧大陆腹地上的丝绸之路,宛若系在地球这个蓝色球体上五彩缤纷的飘带,能在未来焕发光彩的似乎不仅仅是经济,更为重要的还有文化。

以智慧旅游带动京津冀产业协同发展

闫玉刚❶

2014年2月26日,习近平总书记在听取京津冀协同发展工作汇报时提出了"加强顶层设计"、"打破'一亩三分地'思维"等七点要求,标志着胶着30多年的京津冀一体化协同发展进入了实质性的跨越发展阶段。《京津冀协同发展规划纲要》等一系列相关规划、政策的出台,更为京津冀协同发展指明了前进的方向,吹响了前进的号角。

旅游产业是京津冀协同发展是重要突破口和推进力量,而在智慧旅游成为未来旅游业发展必然趋势的前提下,北京应立足其在文化、科技领域的有利条件,在三地智慧旅游协同发展过程中充分发挥引领作用。

一、以旅游带动京津冀一体化协同发展

随着中国城市化进程的不断加快,长三角、珠三角等都市群都已初具雏形。都市圈之间打破行政区划限制的跨区域、协同性旅游区建设也已经被提上议事日程。如2011年5月,苏、浙、皖、沪三省一市便签署了《苏浙皖沪旅游一体化合作框架协议》,意在打造一体化的世界著名旅游城市群。从旅游资源、发展趋势、区域经济等条件来看,京津冀旅游一体化发展具备充分的协同发展基础。

❶闫玉刚,中国传媒大学经济与管理学院教授。

(一)三地旅游资源禀赋协同互补

京津冀地区旅游资源极为丰富,品类众多、形态各异,较之于长三角、珠三角等都市圈而言,它是国内唯一集平原、草原、海洋、丘陵、山地、高原、沙漠、湿地等诸多旅游资源与一体的都市旅游圈;其旅游资源几乎囊括了国家标准公布的旅游资源8主类、31亚类、155基本类型。在人文旅游资源方面,京津冀既有相似性又有差异性。河北的长城文化、蒙元文化、清朝文化、天津的市井文化与北京具有一脉相承的历史延续。同时,京津冀文化旅游资源又各有侧重。北京作为首都和全国文化中心,在拥有故宫、长城、天坛等丰富的历史文化资源的同时,各类国际大型活动、赛事举办较多,人文旅游资源与现代文化旅游资源优势明显。天津作为全国历史文化名城和直辖市,拥有劝业场等丰富的人文历史旅游资源。河北的承德—秦皇岛偏重人文建筑和自然山海风光,张家口偏重滑雪和草原自然风光,保定——石家庄民间工艺以及农业观光资源优势明显,廊坊—沧州—衡水等地偏重于寺庙、墓葬、杂技等。京津冀地区旅游资源的协同性互补特征明显,为京津冀旅游产业一体化发展奠定了良好的资源基础。

(二)三地产业机构梯次性明显

按照世界银行的分组标准,北京市和天津市已经达到富裕水平,而河北省只有中等收入水平。《2013年国民经济和社会发展统计公报》数据显示,2013年北京、天津、河北三地第三产业的占比分别为76.9%、48.1%和35.5%;天津、河北省第二产业在国民经济中所占比例仍高达50.6%和52.2%。随着北京、天津大城市病的不断蔓延和环境污染问题的日益凸显,产业结构升级换代将会成为今后一个时期京津冀地区发展的重点任务。降低天津、河北第二产业占比,提升第三产业发展将会成为京津冀一体化发展的必然选择。在不断淘汰落后产能,优化产业结构,改善大气、水资源环境的前提下,充分激发旅游这一"绿色产业"的发展活力,顺应自驾游、周末休闲度假游的发展趋势,加强京津冀三地旅游一体化协同发展成为京津冀一体化发展的必然选择。

（三）一小时城市群初步形成

现代通信技术和交通路网的不断完善,为京津冀合作带来了巨大的机遇。首先,现代信息技术打消了距离的限制,使得旅游信息共享日渐便捷。其次,高速公路体系的不断完善,尤其是中国高铁事业的迅速发展,进一步推动了京津冀一小时城市群基本形成。作为北京2022年冬奥会重要的交通设施,国家京张高速铁路已经通过批准立项,预计时速将达到每小时300千米,届时从北京市区到张家口时间将在1小时以内。2014年京沈高铁和京张城际铁路均有望于年内开工,这样一来,河北省仅剩的两个没有通高铁的区市——承德和张家口,也将被纳入高铁路网。

（四）三地旅游协同发展符合休闲旅游发展趋势

随着家庭轿车不断普及和中国交通事业的不断发展,自驾游、周末休闲度假游成为越来越多都市旅游人群的选择。国家旅游局发布的《中国自驾游发展报告(2012—2013)》数据显示,2012年中国人均收入达到6100美元,标志着中国旅游消费将进入度假休闲消费阶段。2012年全国共有14亿2千人次,选择自驾方式参与旅游,占全国全年旅游出行人数的48%,自驾游在目的地停留的平均时间为1.67天,人均自驾游消费水平为455.69元/人·次。2015年11月18日,国家发展改革委员会和交通运输部印发了《京津冀协同发展交通一体化规划》(以下简称《规划》),《规划》提出,到2020年,形成多层次、全覆盖的综合交通网络,实现区域内快速铁路覆盖所有地级及以上城市,高速公路覆盖所有县城,形成京津冀石中心城区与新城、卫星城之间的"1小时通勤圈",京津保唐"1小时交通圈",相邻城市间基本实现1.5小时通达。这将进一步为京津冀地区的自驾游和周末度假游提供更多便利。

二、京津冀一体化智慧旅游发展的对策建议

（一）强化京津冀智慧旅游一体化发展的顶层设计

2012年12月31日，在主持中央政治局集体学习的讲话中，习近平同志指出：摸着石头过河和加强顶层设计是辩证统一的，推进局部的阶段性改革开放要在加强顶层设计的前提下进行，加强顶层设计要在推进局部的阶段性改革开放的基础上来谋划。要加强宏观思考和顶层设计，更加注重改革的系统性、整体性、协同性，同时也要继续鼓励大胆试验、大胆突破，不断把改革开放引向深入。

在信息技术飞速发展的今天，智慧旅游的综合性、关联性越来越强，尤其是，牵扯到京津冀不同行政区划智慧旅游发展，更应强化顶层设计。近几年，在智慧旅游发展迅猛的整体趋势下，京津冀三地都对本地智慧旅游的发展进行了整体规划设计。2012年5月，北京市旅游委发布了《北京智慧旅游行动计划纲要》，《纲要》涉及三大智慧旅游体系（智慧旅游公共服务体系、旅游业态智慧旅游服务体系、智慧旅游政务管理体系），九项智慧旅游系统，60个智慧旅游建设项目。为推进智慧旅游发展，天津市提出了"智慧旅游1369工程"，并取得初步成效。2014年，河北省旅游局印发《河北省智慧景区建设指导意见（试行）》，以智慧景区建设为载体，对河北省智慧旅游进行了总体谋划。

在京津冀智慧旅游协同发展过程中，三地应在智慧旅游规划编制过程中，充分考虑规划层面的"全面对接"，进而三地共同编制《京津冀智慧旅游发展规划》《京津冀智慧旅游行动纲要》，做好三地智慧旅游发展的顶层设计，实现京津冀旅游资源、科技资源整合，推动跨区域、跨部门、多层次的智慧旅游服务平台，在条件成熟时，打造"全国智慧旅游创新试验区"。

（二）进一步凸显北京在智慧旅游协同发展中的引领示范作用

北京历史文化资源丰富，拥有众多科技创新资源和政策优势，在智慧旅游发展方面具有得天独厚的有利条件。长期以来，受到诸多因素的限制，天津尤

其是河北地区长期受到北京虹吸效应的影响,社会经济发展缓慢。在京津冀发展过程中,甚至有"北京吃不够,天津吃不饱,河北吃不着"的说法。在新的发展形势下,北京的环境改善、产业外溢、人口分散等大城市病的解决,都需要天津尤其是河北的大力配合才能实现。因此,正如习近平总书记所指出的,推进京津冀协同发展,应打破自家"一亩三分地"思维,"立足各自比较优势、立足现代产业分工要求、立足区域优势互补原则、立足合作共赢理念"。在京津冀智慧旅游协同发展过程中,北京应充分发挥引领示范作用。

(三)强化跨区域的部门合作

为强化区域旅游一体化合作,京津冀三地旅游部门建立了"京津冀旅游协同发展工作协调机制",并成立了京津冀旅游协同发展领导小组及办公室,负责协商制定京津冀旅游协同发展战略目标,明确工作任务,督察工作进度,及时了解和掌握协同发展中的问题,提出解决建议。2014年4月、8月、12月,分别召开了三次旅游发展联席会议,由此可见,在政府层面的京津冀旅游协同发展已经提升议事日程,并摆在了相当重要的战略位置。在智慧旅游方面,2014年5月18日,京津冀旅游营销合作联盟成立。秦皇岛市旅游局与北京市海淀区旅游发展委员会签署合作协议,在智慧旅游领域开展全面合作。

以协调机制和联席会议为基础,三地应进一步成立"京津冀智慧旅游联盟",联盟在政府指导的前提下,广泛吸收三地旅游企业、科技企业参与,在积极推进现有智慧旅游资源共享的同时,发起京津冀智慧旅游需求与产业对接活动。建立三地智慧旅游需求与解决方案对接机制,帮助传统旅游景区、企业更加快速地了解新技术、新产品,获取更为优秀的智慧旅游解决方案;吸引有进入旅游产业意愿的科技企业更多参与京津冀旅游产业发展,积极创新智慧旅游新思路,不断开拓智慧旅游的新内容、新服务和新模式,带动产业高端发展。

(四)充分利用大型活动契机,强化智慧旅游方面的合作

集中力量办大事,是社会主义优越性的主要体现。随着中国国际地位的不

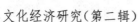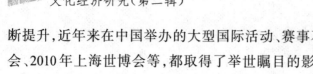

断提升,近年来在中国举办的大型国际活动、赛事不断增加。2008年北京奥运会、2010年上海世博会等,都取得了举世瞩目的影响。大型国际活动的举办,为城市、地区整体基础设施完善,跨部门、跨区域合作提供了良好契机。比如2008年,在北京作为奥运会主办城市之外,上海、天津、沈阳、秦皇岛、青岛都是协办城市,香港地区也承办了马术项目。

目前,北京-张家口联合申办2022年冬奥会已经成为一项重大的国家战略。2015年3月5日李克强总理的政府工作报告中明确提出要"做好2022年冬奥会申办工作"。2015年2月15日,刘延东副总理在北京冬奥会申办委员会调研时强调,2022年冬奥会的申办对于"推进京津冀地区经济社会协同发展"具有重要意义。冬奥会申办除对京津冀(尤其是京张两地)的交通、场馆等硬件基础设施建设提供更多合作机会外,也势必进一步推进两地旅游合作。

(五)统一智慧旅游的数据标准,实现旅游信息资源共享

智慧旅游的发展要为游客、主管部门和企业提供更加丰富、及时、有效、个性化的相关信息,要实现这一目标必须建立一个共享的数据资源平台,收集完善的旅游信息。智慧旅游的相关信息非常多,包括景区、交通、住宿、餐饮、购物、娱乐、天气等诸多因素。在传统旅游背景下,这些信息的发布是以部门化中心为主要特征,如气象局只负责发布天气预报,交通部门只负责交通信息,游客、企业和旅游主管部门在信息收集整理过程中会花费巨大成本,要把这些信息有效整合起来的前提就是统一智慧旅游的数据标准。在京津冀智慧旅游协同发展过程中,这些信息在受到部门中心化制约的同时,更牵扯到区域、部门利益。

积极吸引相关高校、智库机构加入,共同做好智慧旅游信息、舆情收集工作。如中国传媒大学"互联网信息研究院"等相关机构,都在旅游数据、网络舆情等方面拥有大量数据和研究成果。可由有关高校共同发起,成立"京津冀智慧旅游研究中心",依托研究机构的已有研究力量,共同建立三地智慧旅游相关数据库,并做好智慧旅游舆情收集、分析工作,改变旅游消费的"后验性"特征,改变旅游消费决策的模式,提高旅游消费正确决策的可能性和旅游业良性

健康发展的可能性。

（六）以智慧旅游带动京津冀产业融合

旅游产业关联性强,融合发展是旅游产业的重要特征,在新的技术条件下,科技创新又成为旅游产业发展最为重要的推动力。智慧旅游的发展离不开科技创新,或者说,智慧旅游本身就是科技创新发展的产物。同时,智慧旅游发展的目的不在于技术创新本身,而在于强化旅游产业融合,推动旅游产业升级换代。

旅游协同发展,是引领京津冀一体化发展的重要力量,旅游产业强大的外部效应将极大推进京津冀环境治理,带动整个地区公共服务水平全面提升,打造相对均匀的市场环境。京津冀产业一体化发展过程中,应充分认识智慧旅游的产业价值,借助智慧旅游的科技创新驱动促进旅游产业内、产业间融合发展。进一步,以旅游产业融合发展、一体发展这一契机,充分带动相关市场要素流通、共享,从而真正是智慧旅游一体化发展成为京津冀产业协同发展的"火车头"。

Chapter02

文化创新与理论创新

全球化语境中视觉文化的跨文化表达

贾磊磊❶

在一个新世纪的历史地平线上，人类除了谋求在政治、经济、军事领域的和平共处之外，也需要在文化上建立一种和谐互信的生存方式。现在的生态不太好，存在着诱发矛盾的因素，怎么克服这些矛盾是一个理想，即便是由于种种原因，国家之间永久和平不可能完全实现，民族之间的和睦也并不一定能够达成，但是谁也不希望人类的文化处在盲目的乃至敌对的状态下，也不希望由于文化的隔膜造成国家之间的对立，更不希望文化的误判形成民族之间的冲突，这种事实就不需要一一列举了，我们已经有很多因为文化之间的隔膜阻碍而产生矛盾冲突，甚至战争的事实。

我们在一个不同的语言环境下生活，一个不同的语言系统实际上代表的不仅是交流工具的差异，而且代表了很多价值观方面的差异，对我们来说，如果不去克服这种差异，就会造成我们之间文化上的很多误解。因而要实现不同的文化语境下，人与人之间、民族与民族之间、国家与国家之间的相互理解和相互认同，必须采取一种同质性的语言符号进行信息的传播进而克服跨文化交流中产生的认知误差，实现不同文化之间的理解与认同。

我们现在在文化上的理解误差，很大的原因来自于我们没有依靠共享的符号系统，也就是不能够克服在语言交流当中的异质性，所以很多东西没法交流。在世界范围来讲，克服文化的差异方法都是在寻找语言，比如寻找文字语言。德国一个歌德学院，经常做学术上的交流，共同创办了中欧文化对话，已经举办了六届；西班牙还有一个塞万提斯学院，中国的孔子学院，主要在教授

---

❶贾磊磊，中国艺术研究院副院长，研究员。

传播文字,而并不是现代意义上广义的文化。学好一门语言是非常艰难的,尤其是真正的了解一个国家民族的语言,没有五年十年的时间几乎不可能,但是面对现在这么剧烈变化的现实发展来讲,这种语言的高成本的学习和跨文化交流中的异质性,并不能满足现在跨文化交流当中一些现实需要。

而视觉文化的可通约性不仅能够跨越读懂文字符号需要漫长复杂的学习过程,而且在传播的形式上有极大的通约性。这次G20讲话上,都选取了各国经典的舞蹈和音乐,因为视觉符号的直观性和逼真性,使其在记录历史事实方面具有特别重要的作用。罗中立的《父亲》这幅画对记录中国改革开放初期,中国农民的精神状态有特别重要的丰碑的作用,但是如果大家再仔细看看,可以看到在画面的右侧老农民的耳朵上夹了一支笔,我跟罗中立老师印证过这个问题,当时这幅画画成以后,在审查的时候没有被通过,现在不存在视觉绘画的审查,但是讨论这幅画的时候,觉得这幅画不足以表现改革开放初期的农民那种所谓昂扬向上的精神,农民要学文化,就在耳朵上夹了一支笔,但这个笔是蛇足。不管怎样,这幅画也深刻表达中国农民的那种如梦初醒,惘然若失的精神状态,是我们国家集体记忆非常重要的作品。再比如,一个著名的摄影家为希望工程拍摄的一组广告,也起到了非常重要的视觉表达的作用。影像解释了社会的变迁,卓别林在机器上变迁的情况。所以视觉语言有的时候比通过语言文字来表达文化的意义更直接、更生动、也更强烈。世界上几乎没有哪个国家再对它的小说、对文字的东西进行审查,因为文字的东西要去看,要学到文化,而且要一个成年人才可以,但是几乎所有国家对电影都有审查和分级,视觉的东西对人的影响力,特别青少年的影响力更大。因而,影像跨文化的传播,是我们现在在文化研究当中特别关注的一个问题。

视觉文化在文化传播中不仅能够跨越个体差异造成的隔阂,而且能够跨越不同文化形态的壁垒,在文字语言上无法对接的地域实现文化相互的沟通。视觉符号在文化传播功能方面未必比文字符号逊色,除了国家与国家之间签订的法律条约,甲乙双方签订的商业合同之外,几乎生活所有方面的东西,影像都可以取代文字。美国人做过一个统计,一个人大概每天被拍摄300多次,我们在这儿讲课,被拍摄,你们从学校走出来,走出教室有监视器,走进食堂有

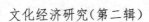

监视器,医院、公共汽车、飞机,所有的地方现在都布满摄像头,我们现在生活在一个影像化程度非常高的社会环境里,所以对影像的认识在某种意义来讲就是现在对生存状态的认识。反过来讲,如果影像系统出了问题,生存就遇到了很严重的问题,因此,我们就得对影像符号的表达特别的关注。

《米老鼠》这个片子大家都很明白,也很熟悉,这个动画片现在已经进入到朝鲜的国家电视台进行播放,朝鲜是什么样的一个国家,我们在这儿不做评判,但是我们想说的是,这样一个电视片能够进入到朝鲜国家电视台,证明视觉表达的有非常重要的作用。这个片子没有一句台词,全部只是音响效果和音乐配音,但就是这样一个没有一个字的表达的影片,它的传播力度却非常大。这样的例子还很多,比如日本的动漫产品出口到美国,比汽车的利润还要高,所以在视觉文化领域表达的东西是非常重要的,不仅带来经济利益,而且带来了很多文化的交流。

视觉文化的传播的重要的意义已经讲了很多,但是现在在跨文化交流当中有一个时代的落差,我们现在太过于依赖我们的文字,而不太注重我们的视觉表达。现在看到的很多形象宣传片,坦率地讲,里面有很大的问题。我们在很多领域有一些误差,例如有很多国家都有自己的视觉符号作为国家的标志,比如说荷兰的风车、日本的富士山、法国巴黎的埃菲尔铁塔、悉尼的歌剧院,但是我们中国没有视觉标志,我们用长城、用天安门或者熊猫,我们没有一个能够代替国家形象的视觉符号在全世界推广。尽管在视觉艺术上,它的力量并不是无远弗至,无所不能,但是我们对视觉作用的认识还是不足,还没有一套能够被人类所共享的视觉表达的语法。我们过去说红色意味着危险,现在红色是这样吗?绿色意味着通行,现在绿色是这样吗?我们一方面依赖视觉符号来表达各种各样的诉求,一方面又没有形成一种普遍视觉意义表达规则,导致情形非常乱。

中国研究儒学的人很多,我们对孔子有统一的视觉形象吗?在山东可以看到各种各样孔子,有许多人研究孔子《论语》当中每个字究竟是什么,研究其中确切的思想确切的含义,那我们怎么认同孔子这个人呢?我们现在迷失了对孔子形象的认同,不知道什么样的人才真正是孔子,但是这一个人的形象对他

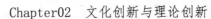

的文化具有很重要的表征作用,包括西方人对基督也是这样,我们现在对视觉文化的关注度,远远不如文字,因而,现在有很多的领域问题还需要我们去关注、去解决。比如,我们的熊猫在好莱坞的电影里变成了一种通过不断满足个人饥饿的欲望来练功的一个动物,而在我们自己的传统武侠电影里,我们练功的那些少林寺的弟子,他们是通过怎样的方式来练功呢?他们是通过一种禅武合一的武术理念,外在的动作提升内在精神的途径,而并不仅仅为了单纯的武术,在这方面我们遇到的问题特别多。

现在,我们有很多的符号在视觉领域被误读,误解了原来符号的意义,比如我们没有一个与龙相对应的词,把中国的龙翻译成怪兽。在二次大战时期,美国人把德国人看成怪兽、把日本人看成怪兽;俄罗斯的国旗,里面就是一个武士骑着马,马蹄子踩着就是一个怪兽。由此可见,对中国符号的研究和传播面临着非常重要的任务,特别是跟我们国家文化形象有关的符号,这是一个历史的建构过程,而不是一个自在自生的过程,需要我们做出许多的努力。

增强文化自信，实现中华民族伟大复兴

李文阁❶

2016年6月28号，习近平总书记在中央政治局第三次学习的时候第一次把文化自信和其他三个自信相并列，七一讲话再次强调这个问题。为什么习总书记要强调文化自信？"自信"是习总书记履职了之后，用得最多的一个词，经济学里面有一个学派叫作预期学习，经济预期对一个国家的GDP影响能达到0.5%到1%，不知道这个数字是不是准确，如果准确的话，说明这种心理预期，这种暗示的理论，这种信心对经济的发展起着巨大的作用。刘云山同志在中央党校秋季学习的开学典礼有一个讲话，从两个方面分析了我们为什么会有文化自信。首先，我们有我们的文化血脉，我们有我们的传统文化，有我们的革命文化，有我们的社会先进文化。其次，我们不仅仅是有我们的血脉，更重要的在于我们的文化当中有科学理论的指导，有理想信念，有价值观念等。

第一个方面，文化强则国家强。经过改革开放这么多年的发展，我国的经济总量是第二，但是我们的文化在GDP当中的比重还是比较低，2015年文化产业的产值是整个国家的GDP的百分之三点几，而发达国家的比重非常高，是我们的好几倍。这说明了我国文化发展在经济发展当中是属于滞后的，可以说是一个短板。

亚克列举了美国全球霸权的几个特征，全球最大的经济体——美国为什么会成为一个霸权国家，主要有几方面的因素。第一，全球最大的经济体；第二，人均GDP最高的国家之一；第三，世界上科技含量最高，最具创新性的经济体，拥有最强的军事力量，可以对任何地区施加影响；第四，现存的国际体系的设

❶李文阁，《求是》文化室主任。

计者和主导者,最好的大学,英语是全球通用的语言,好莱坞电影市场占主导地位。美国历史也是世界文化的一部分,全世界都熟知美国历史上一些重大事件,比如说南美战争,西部开拓精神等,还有美国的价值观,个人主义、民主人权、新帝国主义等。除了经济、军事等方面之外,文化,包括科技水平创新能力、全球影响力、教育制度、电影、价值观占了非常大的比重,如果没有这些因素的影响,美国不可能成为一个霸权国家,我们中国不追求成为霸权国家,我们要成为一个强国,我们已经由穷到了富,现在正在由富向强的转化过程,怎么判断一个国家是真正强大的国家呢? 按 GDP 算是一个强大的国家,但是人均 GDP 比较低。一个最核心的,最根本的考量因素就是文化占整个 GDP 的比重。另外,这个国家有没有强大的凝聚力、向心力,有没有明确的价值观念。美国曾经在拉美和非洲做过一个调研,内容是这些国家的人对中国、日本、美国、俄罗斯这些国家的一些印象,有一项是中国是不是一个强大的国家,拉美和非洲的人都认为是,涉及价值观这一项的时候,很多拉美人,包括一些非洲人,他们说不清楚,对于中国的价值观不清楚,而对美国的价值观、民主评论倒是非常清楚。

改革开放之前,我们的价值观是非常清晰的,但是改革开放之后,很多西方国家说我们是国家资本主义,说我们是修正主义,不再是社会主义。实际上,从我们国家发展角度来讲,我们的价值观有段时间确实不是很清晰,因而十八大提出社会主义核心价值观,明确我们理想是什么,追求是什么,规范是什么,也因此习近平总书记在三中全会之后的那次党校专题班上,把价值观作为他讲话的重要内容。价值观是国家治理的一个重要方面,也是我们国家制度体系的一个重要内容,一个国家没有自己的价值观,价值观不明确,这个国家也就没有凝聚力、向心力,也就不能成为一个真正的强国。所以从文化在整个国家中的地位出发,除了文化产业,另一方面就是一个国家的价值观念、理想信念,如果凝聚能力不够强大不能把一个民族凝聚起来,或者说,价值观没有吸引力,文化没有影响力,那就不能算是一个强大的国家。

第二方面,今时今日,强调文化自信是一个历史的原因。在十八世纪之前,我们在世界上处于领先地位,当然这个领先是在经济方面,1800 年占到世界工业产值的30%左右,这个比重会逐渐降低。但是我们不仅仅是经济上领先,习近平同志在一次讲话当中讲过,在17世纪之前在整个世界的300多项创造发明当中,中国的发明就有170项左右,因而从历史的脉络上讲,我们曾经不仅仅是整个国家的经济实力强,我们的文化实力也是非常强。我国这种文化有一个非常重要的特点,就是我们和周边民族不断进行民族融合。在历史上,我们在经济上败过,在军事上败过,但是在文化上从来没有败过。我们的中华民族对我们的文化一直是非常自信的。曾经有一句话,外来民族他们在政治上统治中国,中国在文化上统治他们,任何一个周边的民族,你要想统治中国的话,你必须要真正实现和中华文化的融合。所以中国人把生灵分成了三类,华夏、伊犁还有禽兽,华夏是最文明的,伊犁是野蛮人,再就是禽兽了。但是从中西文化的这种碰撞开始,中国文化自信逐渐失掉了。刚开始的时候,我们学习西方的坚船利炮,经过甲午战争证明,仅仅学习西方的器物不能战胜西方,我们又开始学习西方的制度,于是有了戊戌变法,戊戌变法失败之后,证明制度借鉴不成功,必须在文化上进行革命,所以有了这个运动,最终我们失去了对文化的自信。中华民族伟大复兴不仅仅体现在国家经济地位、军事实力的增强,更为重要的是恢复中国人的文化自信。实际上从我们的历史演变来看,没有文化自信,就没有中华民族的伟大复兴。

哲学社会科学与文化创新

刘曙光●

2016年5月17日,习近平总书记在全国社会科学工作座谈会上的讲话,大家都很熟悉。哲学社会科学是文化的一个重要组成部分和重要的载体,它的使命就是要坚持文化的前进方向,建立文化自信,增强文化自觉来加强文化改革和发展,培育和践行社会主义核心价值观,增强国家的文化软实力,来建设社会主义文化强国,哲学社会科学与文化自觉。

第一,中国哲学社会科学有文化自觉。一个社会,它的文化属性同哲学社会的属性具有一致性,只有顺应文化发展的趋势,哲学社会科学才会有生命力和创造力,所以在习近平总书记讲话中,继承民族性、系统性、时代性、专业性,建立国外挖掘历史,关怀人类,面向未来的思路来构建中国特色的哲学社会科学,这里边实际上讲的是通过文化自觉达到文化自信,建设什么样的文化,怎样建设的问题。文化自觉指的是生活在一定文化中间的人对其文化有自知之明,知晓该文化的诞生形成过程,知晓该文化所具有的特色和优势,了解该文化所承载的缺陷和不足,了解它在世界文化中间的地位和作用,了解它未来发展方向和趋势。文化自觉的目的就是要加强对文化转型、文化取舍、文化选择和文化改造的自觉能力,以适应新的环境、新的时代。

作为中国哲学社会科学,应该讲清中华传统文化的历史渊源、传统脉络的基本走向,用独特的创造和价值理念,鲜明的特色,来增强文化自信和价值观自信。一个没有文化自觉的国家,不可能建成大国和强国的,更不可能有崛起。所以文化是经济发展的产物,对于经济的发展又起着指导作用。没有文

●刘曙光,《北京大学学报》常务副主编。

化自觉,经济的发展就会摇摆不定。在文化里面凝聚了一个国家、一个民族的价值观念、思维方式、生活样式和信仰习俗,经济发展到一定的阶段都会面临着文化的选择,面临着文化何去何从的问题。

古老的中华文明历来都是兼容并蓄的,目前在哲学社会科学面临三方面的资源,一个是马克思主义资源,一个是中华优秀传统文化的资源,一个是国外哲学社会科学的资源,现在我们就应该把这三方面综合起来,在变革与融合中间综合创新,要训练好三者之间的关系。中华传统文化要与时俱进,不断地进行文化更新,分析接受国外的适合中国国情的精华部分。

我们中国哲学社会科学与国外的哲学社会科学充分的发挥主观能动性,根据自己的文化特点有选择地去吸收,在不断消化的基础上有所创新、有所发展,使之本土化。这两者文化影响是双向的,从总体来说,作为外来文化加入到本土文化的学理之中,必定在本土文化中间产生生活的影响,而且会长久的文化作用,但是本土文化在更新中间得以保存。

第二,中国哲学社会科学有文化自信。中华文化是中国哲学社会科学成长发展的深厚基础,中华民族的伟大复兴就需要以中华文化这个发展繁荣为条件,习近平总书记指出,我们坚定中国特色社会主义道路自信、理论自信、制度自信,说到底是文化自信,文化自信是更为根本、更深层、更持久的力量。中华传统文化是我们最深厚的文化软实力,是中华民族的根和魂,五千年绵延不断,积淀着中华民族最深层的文化追求,代表着民族独特的精神标识。所以对于传统文化要进行创造性的转化、创新性的发展,创新性的转化。按照时代的精神和要求,对那些有借鉴价值的内涵和成就的表现形式加以改正,赋予它新的时代内涵和现代的表达形式。创新性的发展就是按照时代的新的进步、新的进展,对传统文化的内涵加以补充,拓展完善增强其影响力和号召力。中华传统文化是中华民族的精神命脉,它是涵养社会主义核心价值观的重要源泉,也是我们在世界文化激荡中站稳脚跟的坚实根基。具体来说,我们要挖掘中华传统文化中间讲仁爱、守诚信,从正义上求大平的时代价值。

第三,中国哲学社会科学有文化回馈。不管在人类文明史上还是长达五千年的文明史上,文化交流是司空见惯的现象,现在中国的发展应该是开辟了中外文化交流与互见新的境界。中国的哲学社会科学通过文化的回馈、人类的文明做出自己的贡献,所谓的文化回馈具有文化回传性质,带有回报或者感恩情怀的文明交流形式,一个社会从另一种文明那里学到的某些优秀的文化基因或者先进的文化成果,磨合和实验融入本土文化,经过千锤百炼富有本土特色的理论、思想、精神、智慧,这时候再把这些更为成熟的文化硕果回报给整个文明的时代。

在中西文化的交流史上,对中国学术影响最大的一个是佛教的传入,是西学东鉴,是佛教的中国化,这堪称为人文明史上交流的典范。中国人根据自己的文化发展了佛教思想,并且使这个佛教传到了日本、韩国、东南亚等地,促进了人类文明的进步和世界和平的发展。当代中国也应该通过文化的创新,顺应人类文明交流之间的典范。西学东鉴有非常长的历史了,我们应该开创中西文化河流新的境界和新的阶段,把中华文化优秀的传统,通过构建一种具有中国特色的哲学社会科学学术体系、学科体系、话语体系,来回馈和回报整个人类文明,人类世界。

西学东鉴或者东学西鉴应该是人类文明同一个过程的两个方面,在古代,四大发明为欧洲文艺复兴创造了重要的技术条件。在近代,我们更多的是西学东鉴。随着中国的崛起,东学西鉴不能再被忽视,我们要把中国传统文化中最有现代价值和世界意义的东西回馈给人类世界。所以有人曾经呼吁欧洲人和美国人注意,文明受到威胁的时刻,在中国有迄今不能被忽视的无价的文明财富、世界的文明财富。因而,当代哲学社会科学要加强对中国传统文化的挖掘,使中华民族最基本的文化基因与当代文化相适应、现代文化相适应,使富有文化魅力的文化价值弘扬起来,既继承传统文化又弘扬时代精神,同时将面向世界的当代文化创意性的成果传播出去,让中华文明同各国文明所创造的文明一道进行精神滋养,以全球视野来关照中国或者审视中国传统文化,探讨中国传统文化中间独特的人文精神,特别是对于人的价值关注,其奋发有为、自强不息的精神为创造万物一体、天人合一的精神,对人与自然,对现实社会的关注,对人文关系的重视,和而不同的方式,对于消除现代社会的弊端,对世界新旧文化的建构都有着的非常好的价值,并产生深远的影响。

文化产业背景下经济规律的重大变化

李向民[1]

在文化产业迅速发展的今天,很多的经济现象或经济规律正在发生一些重大的变化,甚至可能对我们几千年来形成的一些传统观念产生一些冲击。比如说我们研究马克思经济学理论的时候一直强调是劳动+理论的问题,所有价值是在生产领域被创造出来,在流通和消费领域并不创造价值。我们用这样的观点仔细研究劳动价值理论产生来源的时候,会发现本来劳动价值理论有一定局限性。例如研究《资本论》时,大家发现马克思两次加的注释。艺术品不属于我的研究范围,在物质经济占主导地位社会发展状况之下提出的应该是相对真理。

在30年前提出精神经济理论的时候,人类社会确实发生一些重大的变化,过去几千年经济活动都是追求物质财富的增长,追求物质需求的满足。最近一段时间以来人类正在追求精神含量更高,层次更高的消费需求,这种需求的变化和升级对我们整个生产产生重大的影响。这样回过头看我们价值链上,形成过程也发生了一些本质性的变化。比如很多国人会不服气,国外很多品牌都是在我们中国生产,甚至连到日本买的马桶盖也都是浙江生产的,为什么到了国外可以卖得很好,卖得价格很高,在中国没有人买,这是因为它的品牌价值。服装也是这样,一件衬衫在国内成本一两百块钱,加上国际品牌后面迅速加上一个零而且卖得更好,这种价值产生并不是生产领域当中注入的,而是流通领域当中逐步增加进去的。

还有一个例子。克林顿当总统的时候,他去爱尔兰访问,访问期间打了一

---

❶李向民,南京艺术学院副院长,紫金文创研究院院长。

场高尔夫球,打完球以后把用完的一次性的白手套送给了爱尔兰总统的夫人,夫人把手套捐给一个慈善基金会把它卖掉,一个手套本来价值很低,用完以后是垃圾是一个脏手套,为什么克林顿用完以后就升级了。这不是价值和价格背离,它不是价值,这个用劳动价值理论看这些问题,我们经常捉襟见肘很多问题解释不清楚。商业上经常提到微笑曲线,讲品牌和销售两端是利润率最高的两端,中间制造是利润率最低的一部分。客观上承认在生产环节以外的其他部分同样对企业能够带来利益,对产品增加它的价值。

这个观点对于我们今天发展文化产业,尤其推动文化和传统产业转型升级相结合的问题上有非常重要的意义。《冰河世纪》里面的松鼠,我也特别喜欢,特别着迷,现在已经出到第五部了,这样的东西本身只是一个形象,为了把这个形象深入人心让大家更喜欢,展示出来,就要给它注入故事,这个松鼠形象动画产品才有可能进行特许经营权的转让,才有可能把松鼠形象来和其他的物质生产相结合。比如说到印到书包上面,文具盒上面等,形成衍生品的价值。这些事实对我们原有经济学理论划分的经济学理论产生了怀疑。按照澳大利亚经济学家的理论,他说根据产业链的过程来讲,第一产业是农业和采矿业。即从自然界取得物质资源的一个产业。第二产业是对它进行加工的加工制造业。加工制造完以后进行交换流通和相关其他服务,包括第三产业,这是有逻辑顺序产业链的提法。在精神产业到来的时候,整个三次产业顺序变换了,不是从获取原料开始,而是从创意开始,例如刚才讲到的一个小松鼠形象开始,然后对它进行包装和传播。这是做出动画片来让形象走进千家万户走进人心的过程,这个过程完成以后,第三产业才把这些创意形象来和传统物质生产进行相结合,这样才完成了产业新的一个驱动模式。这个模式很可能成为今后企业竞争和地区竞争重要的核心竞争力。现在很多地方都可以加工和生产,但是谁掌握了核心竞争力,掌握这些品牌,掌握这些形象,谁就会有高端利润。从事加工制造往往是既消耗了资源又消耗了劳动力,同时说不定破坏了形态,获得很薄的利润,这个情况是今天的经济发展给我们提供一个新的现象,让我们重新思考传统经济学当中一些固有的观念。

从经济与文化的关系角度
谈文化产业的开源与节流

刘士林[1]

一、人文话语阐释经济的合法性与必要性

大家对于马克思"资本主义生产同艺术、诗歌相敌对"的观点都很熟悉,在这种理论思想指导下文人讲文学、审美被认为是正事,但是如果涉足经济领域的研究就不对了。这个观念就导致文化研究或者价值领域研究的专家在介入经济发展领域时遇到极大的障碍。但是在后工业文明时代,社会发生了很大的变化,19世纪那种经济与文化水火不容的阶段已经过去,随着社会的进步,经济与文化这两个领域越来越融合。但是今天依然没有打破两个领域间的隔阂和研究壁垒。

研究人文学的学者专家为什么要谈经济?

一是城市的本质是文化,城市不管怎样建设,经济如何发达,项目如何规划,它的终极目标则是让公民的生活更美好。如果没有达到此目标,那么所有的研究和建设将失去意义。今天大家都能感觉到我们的城市并没有达到让人非常满意的地步。

二是中国经济学的主流源于西方,常常有人认为文化领域的学者去研究城市很奇怪。国务院发展中心办公厅主任见到我就略有深意地笑着说,"我查过

──────────
[1]刘士林,上海交通大学城市科学研究院院长,教授,博士生导师。

你的档案,你是学中文出身,怎么会做城市科学研究?"我当时用两句话来回答他。我说:"学经济的人他们了解中国经济是一百年,而我了解中国经济是一千年。"中国的经济也在不同的历史时期度过艰难的岁月,但是中国每一次都挺过来了,有时候看似是一次经济危机和低谷,但实际上它更是一次很好的机会。中国经济在国家的宏观调控下"老圃能开冬花,结春实"。

二、当前经济发展形势的人文解读与阐述

当下,特别是 2015 年以来,GDP 增速破 7%以后,"硬着陆"、"断崖式"、"L形"和比 L 形更遭"持续下跌"论等为代表的经济学界的悲观预测,经济疲软是一个大趋势,但是面临这样一大堆现象和经验怎么样解释它? 得出什么结论? 关键不是多少数据,不是工业,也不是三产。用什么方法去分析,用什么眼光去看待,包括用什么价值判断? 大家的共识是,经济学者应该最有发言权,中国经济发展的前景应该由中国经济学者来判断,但问题的关键在于,中国经济学的理论和方法主要来自于西方,拿西方的标准和模型来研究和判断,很少考虑中西在历史、社会、政治、经济、文化、价值等方面存在的重大差异。往往陷入"在理论上讲得通,在实践上行不通"的怪圈。研究地产、金融等经济领域的专家学者不厌其烦的展示和汇报自己的研究成果。但那不是与中国实际紧密结合的研究。自改革开放以来,他们的观点多半属于"皮毛之见",他们的经济治理举措常常是"隔靴搔痒",而他们的各项预测更是基本上"测不准"或"适得其反",所以还是应该要反思自身。

中西社会和文化有差异。首先是中西社会结构不同。比如,在中国社会,只要不到一分钱都没有,社会的稳定性就无须担心。现在国家也已经注意到了,定的 6.5%的增长指标,并不完全是看经济增长多少,每年 1000 万和 1200 万的新增就业人口,解决基本的温饱才是首要问题。其次是中西的文化价值不同。西方人普遍相较于中国人是非常独立的。儒家文化对中国人的影响深远绵长。拿一个在中国普遍存在的现象为例。在中国,2016 年中国的毕业生将达到 765 万人,比去年增加 16 万人,就业形势更加严峻。这种状况造就了中国高校毕业生"毕业就待业",有些回到父母身边成为"啃老族"。这在西方人眼

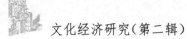

中是不可思议和不可想象的事情。经济学家一般只是对待政府和市场两者之间的自动选择站队。政府和市场只能明确的二选其一。现在中国找到了，把市场和政府结合好的道路，在政府与市场对应衔接和配合的过程中毫无疑问会很多问题，但是这个主导方向是没有错的。

三、创新驱动经济的中国文化机制

哲学家贺鳞曾说"必定要旧中的新，有历史渊源的新，才是真正的新。"要算大账和小账。我对经济和文化的基本判断和当下的主流意见略有差异，大家若是觉得有道理，那么就基于此角度，为研究文化创新、研究文化发展假以一个新的理论基础。在以后谈及文化与经济研究时理直气壮一点、有理有据一些，也不用完全被经济学领域的人牵着鼻子走。文化产业现在集中的问题一个是开源节流，丰富消费品；二是节制欲望，有时候人的欲望发展太快，超出文化产品的发展速度，这是很多问题的根本。如果把人心调整过来，对社会的压力则会减少很多。

文化创意能力、激励结构与
文化组织的改革发展

魏　建❶

现实中有一种现象,文化改革之后,通过一轮市场化改革,我们的国有文艺院团以及其他演出组织进行了一大轮的改革,但是改革之后,基本处于一个停滞的状态,如何进一步激发他们的活力,如何培育完整的、完善的具有竞争力的市场主体,依然是摆在我们文化改革面前一个重大难题。其中一个很重要的原因是,我们没有很好地把握住文化企业或者文化组织特有的规律,这其中一个规律,文化创意能力是这些组织特有的或者说它能够保持与发展的基础能力,而这个能力以及它的体现,我们现在研究还很不够。作为文化产品的一种生产者,向社会提供一种美的感受、美的体验,这是每一个文化组织的基本责任和能力,而这种责任在文化创意的形成中是最关键的和最核心的,是一种基础性的东西。但是文化创意的激励依然是一个很大的难题,如何形成一种持续的、有效的激励,使整个组织不断地提供新的创意,提供新的文化产品,这是每个文化产业长期面临的一个困难,这也导致在激励上存在很多的问题。

第一,文化创意产业从经济学角度来观察,它具有一种专有性.经济学里有一个概念,获得诺贝尔奖的威廉提出资产的专业性,资产只能有特定的用处,用于其他用处失去了它的效益,不能实现价值最大化,不能实现它的贡献。比如修一条铁路,专门为矿山修建的,当这个矿山开采完毕之后,这个铁路就没有任何价值了,因为服务的矿山不存在了。与之相对应,在文化领域提出了一

❶魏建,《山东大学学报》主编。

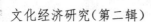

个新的概念，叫"专有性"，专有性讲的是指某一个特定的主体所拥有的某项特定才能，是企业特别需要的，企业离了它不能活，它离了企业照样能活或者离了组织照样能活。

因而它的第一个基本特点是它具有一个特定的训练前提，在这个领域里边要打拼很长时间，比如要学唱歌、跳舞，就要从小做起，做专业的学术训练，也要受很长时间的学术培养才能形成。第二，它具有严格的人身属性，依附于某个特定的专业人才的本身上的，不能从人身上剥离出来，不能像资产一样。所以在经济学里边把它看成只能激励不能压榨，只能供得好好的，你有什么需要、有什么需求，需要用钱还是要钱，学校马上给你满足，否则就会跟你翻脸，友谊的小船马上翻掉了。这样的资产专有性之下，怎么才能激励这些具有特殊才能的人，有效的为组织进行服务呢？怎么才能激励他长期的给组织提供新的创意、新的产品、新的思路，来推动整个企业和文化组织的竞争力可持续呢？这就是目前面临的一个很大的难题。

而因文化创意的载体有多样性，无形到有形，可以是版权、也可以像有形埃菲尔铁塔是有形的物质，各种建筑，也可以从轻到重，可以轻资产、也可以重资产。这些特点导致在激励上有很大的难题，所以所拥有的文化创意能力也是文化创意组织区别于其他组织一个重要的特点。

第二，现实中的激励结构。我们看现实中有什么样的激励安排？第一个，美国的终身教职制度。这是美国目前在所有的大学里面普遍实行基本的纪律之一，它的特点是两个阶段，在获得中教职之前，对你采取的措施。两个聘期，不能达到这个要求学校请你走人，一旦达到要求了，你有一个特权，你可以开除学校，但学校不能开除你，你可以跟学校说"我要走了，去另外一个学校"，但是学校不能给你发一个辞退通知书，这是一种制度安排。这种制度安排在产出上有两个特点，当他没有获得终身教职的时候，所有的这些教师都要拼命在一段时间之内，即两个聘期之内形成自己最有影响力的产出，在最顶尖的刊号发表文章，展现自己具有高超的研究能力。一般在美国高校里边，如果45岁之前拿不到终身教职，基本上就没戏了，你可以离开教师这个行业做其他事情，一旦你拿到之后，就可以在这个岗位上沉下心来研究自己喜欢的、长期关注的领域。

这样就形成了一个学校跟学者之间的双赢，学校可以获得不断的积累，把最优秀的人才在自己手中积累起来，并且在学术上会形成一个良好的学术传统，因为所有的新任终身教职的老师的聘任，是经过现任的所有具有终身教职老师的筛选，所以他们在学术传统上、学术团体以及学术理念的统一上具有较高的契合性，因此是学术的联合。正是这样一种制度安排，大约是美国式的1901年之后，在美国教师联合会的推动之下在全美高校实行了，慢慢地形成了它在全世界高等学校竞争中的最终优势，我觉得终身教职制度是很重要的制度基础。

第二个是合伙人制度。一般我们的工业或者企业也好，都是资本雇佣劳动，在资本家里面是劳动雇佣资本，律师、会计师基于智力的联合采取一定的资本完成特定的咨询项目，采取的是一种一人一票的制度，谁出的钱多谁说了算，最后也是一个同道者的选择。所有的新进合伙人，也都是老的合伙人对他职业的观察，对他价值理念的观察，对他职业操守观察之后，形成了一种认为他跟我们是一类人，物以类聚、人以群分，慢慢地才形成一个有竞争力的、有人情味的、有共同价值理念的，在祁老师讲的文化场景里面，最终有一点很重要，就是一定要有共同的价值观念，这才是合伙人能够长期合伙的重要原因。

最近万科是大家比较关注的，万科也在推行一种制度，这种制度是在资本控制之下的，对资本过度控制下的反抗，万科比较特殊，它的股权一直是比较分散的，老是引起资本野蛮人敲它的门，想从这里拿到好处。在这种背景之下，他们采取了一种事业合伙人的制度，强化同道者之间的选择，强化吸引志同道合者来一块打拼万科的事业，在这种事业合伙人制度里面有一个复数的支撑制度，项目跟投制度，有一个收益安排，整个项目完毕之后获得的销售收入，首先拿出税收，支付生产成本、支付债券成本，再之后给股本至少和同行业的利润率相同的资本报酬，剩下才是对合伙人的分红，对合伙人的分红采取两种，一种是直接入股，直接入股是两种功能构成，第一个是合伙人自己的资金，第二个是需要以信托基金的名义去社会上融资借给合伙人，投到项目里面去，融资意味着有很大的还债的压力，就需要合伙人充分发挥自己的智慧才能，把

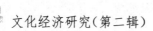

这个项目运作得很好,在能够实现这些所有的利益相关者利益共赢,这是一种安排,这种安排既充分尊重了资本人的力量,也能把合伙人智力才能发挥到最大。

从法律制度来看,在整个发展趋势上也出现了对公司制度的一种否定或者对法人地位的否定,非公司组织出现的越来越多,在立法上突破资本之上的,特别是解决掉非有限责任的经济组织,能否具有法人资格的问题上,像美国、德国以及日本的立法解决掉了,又赋予包括刚才讲的律师事务所法人地位。从法人资格以及有限责任分离上也越来越明显,但是我们国家现在还是一个比较完整的或者比较滞后的资本至上的公司法立法。

在文化组织有一个既有安排,非营利组织,将资本收益排除在外的,让文化艺术的爱好者自己合到一块来你觉得我玩得好,我也觉得你玩得好,你赞美我、我赞美你,相互欣赏,在相互欣赏中不断地发展技艺的一种组织。而这种资本收益只能来源于两种比较傻的资本,一个是政府的投入,再一个是艺术爱好资本,各种资本家有钱,他觉得这个领域挺好玩儿,我都投很多钱,让你们去玩儿,你们玩的越好,我也很开心。

在改革中,我们对整个文化企业的改革采取了类似于对工业企业的改革思路,一刀切的思路,所有的人员按照一个年龄,不管具不具备人力资本,全都让你退休,但是在资产上现在依然纠结不清,财政部成立了所谓的文化资产管理小组或者管理相应的处室,这个资产到底归谁? 那不重要,资产可以全都拿走,但重要的是把有创意的才能者留下,2013 年就有政策说,具有特殊才能的人可以在我们的国有改革里面入股,但一直没有落地。文化创意是否可以优先考虑呢? 在这个过程中面临一些现实的挑战,人力资本和财务资本进行比较的时候,如何才能够在当今世界里边,你说你有创意,你怎么才能吸引更多的资本投入呢? 整体来看,我们的创意产业说起来很热闹,但吸引资本的能力上还是比较弱的,好像听起来我们没有可抵押的东西,是给你稳定的激励更好呢? 是创意发挥的源泉更汹涌呢? 还是让你冒险,给你更多的股权才能够使你产生更多的创意呢? 美国的大学制度,看起来好像前面是给你冒险,后边给你一个稳定的,现在我们改革中很多院团的老人说,原来事业单位体制多好,还能提职称,一出去说是什么级别的演员,大家都很认可我。

最后是创意的实现,有个人的力量,必须基于团队的力量,如何进行分配,这些都是面临的一些挑战。这里讲一个经济学的模型,当你拥有一个创意,假如说我现在有一个创意,但我缺钱,怎么才能让这个资本的投入方相信你的创意能够挣钱呢?为什么会在社会中普遍的企业组织形式资本分工劳动呢?从经济学的角度来讲,资本具有一个功能,就是劳动不具有的功能——可抵押,我投入十万块钱、投入一百万块钱,这就代表着我为这个项目的赌本,我把一个创意投给你,你能看得见吗?你能摸得着吗?你能相信吗?所以只能够通过训练形成的才能展现出来,我是一级演员、我是二级演员,通过一些创意的声誉,已经在市场上有什么票房的收入了,再就是,我自己有钱,我不仅提供创意,我自己也有钱,让你相信我的创意才能。所以在这个领域里边还是需要有很多的理论探讨。当不能够有一个良好市场收益的时候,可以采取类似于非营利组织的方式,而有的时候就要充分尊重创意人才的积极性,所以人始终是一个关键。

孝道与中国经济发展

姜　生❶

　　孝道与中国经济的问题最早提出来只是在中国青年报一个不起眼的角落里面发的一篇小采访，这个采访是在2002年，迄今为止已经过去十多年了。几年以后被海外著名的金融经济学家所关注。但是到今天为止，孝道与中国经济问题依然在制约中国整个经济社会，中国社会经济很多问题最终受制于这样的逻辑。即传统的孝道这一套社会模式，其实它的经济本质是小农经济模式，小农经济模式实际上就是父辈养育下一辈，下一辈在他们的身边反哺上一辈，社会保障由家庭来实现。这是非常温馨却也伟大的一套社会保障模式，应该说中国历史上最伟大的时代都是受益于此。从汉朝到唐朝这段中国最强大的时期，可以说社会的基本模式就是家里面有人负责出去打天下，也有儿子留在身边给父母养老。如果实在没有办法就是忠孝之间做个选择，这要结合当时的环境允许你做孝还是做忠，无论如何国家对孝的强调最终实现了社会基层稳定，这个稳定指的是一代又一代能够安定生活在这个地方，保障了整个社会经济稳定向前发展，这是古代一直留存到现在非常伟大的贡献。

　　这是一种自然而然发展出来的社会保障模式。而且没有任何人认为这是不好的，一直发展到了当代，中国变成一个人口流动的社会，社会学概念里面社会流动就是指阶层流动，包括现在的大学生离开家乡去其他城市读书、务工农民到城市打工、各个城市之间人才的流动等。社会流动所带来的养老问题，使我在当时就提出社会保障的设想。让我感觉特别欣慰的就是在最早有官方做出响应的郑州市。郑州市2008年出台郑州市所有老百姓都给予社会保障的

❶姜生，四川大学文化战略研究所所长，文化科技协同创新研发中心主任，长江学者特聘教授。

承诺,我当时感到非常振奋,我觉得我们终于有希望了。我们现在应该说已经采取社会保障的方式思考我们每一个人的未来生存,事实上很难真正的解决。因为社会保障不是那么简单的,其实我们需要更多的条件保障。但是无论如何我们已经开始了。

传统孝道在今天不适应性导致的各种问题,例如教育、人才、社会创造力的问题,这些最终制约了我们社会。社会保障没有做成应有的社会保障体系,我们绝对不能说我们社会保障多了不起。因为我们作为现代人,一方面要纳税,到社会奋斗去为社会劳动,另一方面我们老了得不到完善和成熟的保障,而是要求你回家让你家人来承担这个任务。到现在我们之所以那么用心的养孩子其实这个原因,你仔细看看在西方有人说他们好像没有温情,其实很有温情,只不过表现不同。

从十几年以前的情况说,一二十万亿的存款,老百姓放在银行存着,因为需要养老,还要留出一笔教育经费,要给自己治病等,如果你真正了解国际上社会保障的体系,至少孩子读书读到什么时候家长不花钱,你养老到什么程度,你只要不肯进最昂贵的医院,你可以用自己养老的经费等。其中包括我们的信用问题,我们之所以不讲信用是因为关上铁门这个世界跟人隔离了。这个社会被分裂为一个一个的家庭,但是古代的时候这些家庭是互相连接的,他们之间形成一个所谓的社会。社会是古代产生的词语,我们中国现代却没有社会的概念。因此在今天,光明社会、孝亲的责任,还有牺牲精神都出了问题。这个社会找不到有讲尽责和奉献精神的。其实都是因为现在孩子是我们家里的私有财产。所以家庭本位到现在我们依然没有改变,我并不是想说打破我们的传统道德,我是要求让传统道德回归真正的爱、真正的情。在今天,我们不用说马克思主义经济学,经济基础上层建筑,我提出主张就是以社会保障方式重建孝道,把人从家庭孤岛中解放出来,我们要拥抱社会中的每一个人,因为他们就是你的兄弟姐妹,别人的孩子就是我的孩子,因为我将来靠他活着。我给大学生上课,底下坐的90后00后,我说你将来要管我,我现在就要管你,他们听懂我意思之后他们感到很沉重的负担,因为他们人少,我们将来老人多,这意味着要承担着很大的责任。所以制约当代中国经济最终原因,是因为我们还是一个一个分散的人,还不能组成一个整体社会的人。我要求把传统孝道重建为叫作社会保障+孝道的亲情。社会保障取代了过去的经济功能,孝道变成一个真真正正的亲情,这样才是符合现代经济和现代人的处境的社会模式。

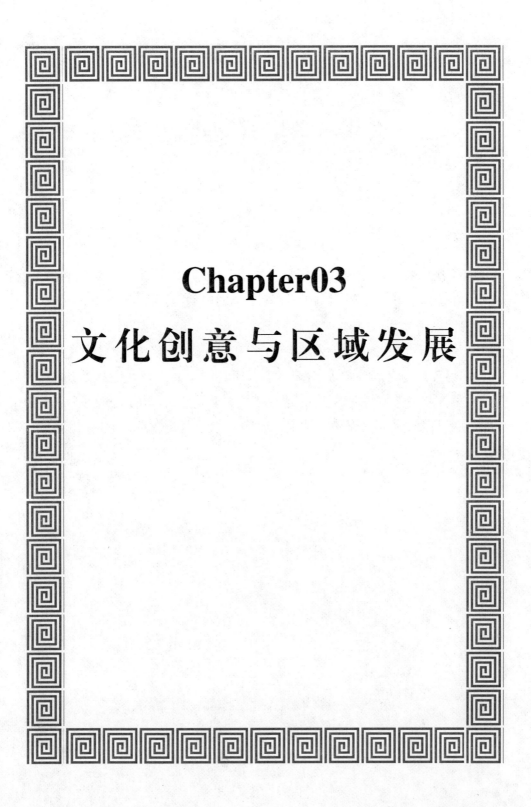

Chapter03
文化创意与区域发展

建设文化场景培育城市内生动力

祁述裕❶

当今经济社会,经济转型非常重要的特点就是驱动城市发展的动力在发生变化,对这种动力的变化可以进行一个简单的归纳:传统的经济方式,概括为以工艺园区为抓手,这种发展模式有三个要素,首先是资金、土地、基础设施,这三个基本要素支撑的企业发展,到了当代,到了文化经济的时代,我们还可以看到另外一种发展模式,这种模式我们可以把它概括为以建设文化场景为重点,服务业主导型的发展模式,这种模式有两个三角形构成,这两个三角形中有一些重要的要素在支撑着一种以建设文化场景为重点,服务业主导型城市的发展模式。

以建设场景文化为重点,服务业主导型城市发展模式

❶祁述裕,国家行政学院社会和文化教研部主任、文化政策研究中心主任、教授。

一、文化场景理论的来源

创意人群、文化硬件设施、衍生服务、文化活动,我们叫作创意空间的发展模型,这种模型的来源是什么? 它的来源有一个理论——城市发展理论。我们现在讲城市发展理论有很多,其中五个理论是最重要的,并且我们认为是最有典型意义的,在这里重点讲其中三个理论。第一个是以公司驱动型的传统理论,这种公司驱动型是企业的工程,核心要素是土地、劳动力、资金和管理,这是典型工业时代的发展模式。到了后工业时期,佛罗里达提出来要靠创业型进行驱动,尽管这个理论提出来以后产生了很大的影响,但也存在着怎么集聚创业人才的问题。这时,美国有一个新的理论就被提出来了,这个理论就叫做文化场景,文化场景核心解决集聚人才的问题,主要通过社区、生活、文化设施、人群多样性以及生活方式的价值观的一致性,来形成创意空间,形成文化场景。

二、文化场景的基本要素

我们将文化场景的基本要素概括成五个维度:社区、生活文化设施、人群、文化活动、表达的意义和价值。虽然文化场景理论在我看来与其他理论里面的支点相似,但是文化场景的价值就在于提出了可以衡量的标准,这个标准就是前面讲的五个维度,这也是介绍这个理论一个很重要的原因。

三、文化场景的案例

在这里举两个例子,第一个例子:中关村创业大街,大家都非常熟悉。最近的中关村创业大街就是典型的文化场景,也是空间的聚集,在空间聚集里面搭建信息服务平台。假若在这有一个企业,这个企业是制造复印机的,后来有人有了一个想法,如果这个复印机做成移动复印机会怎样呢? 在城市里面的任一个点,商场、学校,就像饮料机一样,只要装上复印机随时都可以复印,这样可以提供很高的便利性。然而这家企业是做传统的复印机,不太懂互联网领域，于是企业老板跑到中关村创业大街，马上打电话，所有的想法在很短的时间里面就可以完成，这就是中关村创业大街的优点，所有的创意通过外包的方式实现，这只是在特定空间里面文化场景起作用的其中一种类型。

还有一种类型，搭建产品平台实现文化场景的集聚。中关村创业大街是一个典型，但是这毕竟是一线的城市，三线城市有没有可能有一种文化场景能促进城市发展呢？其实也有这种案例。我们长期跟踪了景德镇，大概调研过五次，把景德镇转型的案例引入到我们教学内容。在景德镇转型过程当中，有一个叫作"乐天陶社"大学生创意市集发挥了很大的作用，这就是典型的文化场景。首先是一个来自香港的非政府组织，把国外有名的陶艺家引到国内来，提供一年免费的食宿，走的时候，不需要支付任何的费用，但是得留下艺术产品，当时非常多的人乐意做，他们就在景德镇租了一个地方——老的陶瓷厂进行创作，这些非常有才华、很有爱心的陶艺家也很想能够把自己的想法告诉大家。正好，景德镇有一所陶瓷大学，这所大学里面的很多人也这么留下来了。在整个中国陶瓷企业里，景德镇原本名头就很大，现在仍渐渐往上走，因为现在的陶瓷与原来的陶瓷完全不一样了，现在是工艺陶瓷，这些艺术家们通过办乐天陶市，使这些大学生的创意在当地得到实现，每周五晚上在这里开讲座，起初学生来听，后来整个景德镇的市民都来听，他们都有做陶瓷的经历，也很想赶上时代的潮流，因而来听讲座的人非常多。

艺术家们不光教他们做陶瓷，而且教他们怎么烧制陶瓷，后来再发展，就办了创意市集，分三个区域：A区、B区、C区，其中B区是要收费的，给大学生提供一个制度来展示自己作品的机会，如果不行，马上淘汰。这个机制建立以后吸引了很多人，以至于很多外面的人每到周六上午都到这个地方，其中中央电视台也专门介绍了这个陶市。

我认为这个创意市集有四个价值：

第一，为大学生提供了创意产业平台，激励了创意者的信心，创作者亲自来做这个产品，而且做得非常好。

第二,大学生创意市集在老的陶瓷厂开展,带来了雕塑瓷厂街区的繁荣。

第三,激活了延伸产业,如餐饮业、培训业等很多产业。

第四,促进了景德镇陶瓷业的转型升级。原来整个陶瓷最有名的是仿古陶瓷,由于创意市集的创办,新兴的文化元素进来了,崭新的以现代生活和现代创意为特点,这里面就有很多故事。

最后,有三个结论:

第一,文化场景在我们城市转型过程当中起了特别重要的作用。我认为激发创造活力的核心是"集聚",传统来讲集聚是不能与传统创意产业园区相比的,现在的文化产业园区仅仅是企业的一种简单的组合,没有真正起到文化场景那五个维度聚合在一起发挥的作用,文化产业园区也起不到这个作用。

第二,文化场景理论丰富了我们对文化产业园区的认识。

第三,营造文化场景,是培育城市内生动力非常重要的途径,希望大家能够关注文化产业来研究它,并且和我们国家文化产业发展有一个结合。

区域文化产业创新的九大视角

陈少峰❶

对北京市文化产业而言，北京应该成为中国文化产业的创新标杆，对外输出标准、输出人才、输出模式，成为一个"三输出"城市。而这个城市应该落在朝阳区，落在国家文化产业创新实验区，此次与大家分享的就是几个视角，从未来创新的角度来跟大家做一个交流。

当今我国文化产业发展较好的城市，毫无例外一定是互联网比较发达的城市。如果地方文化产业发展状况良好，产业转型较为彻底，那么此地互联网本身一定较为发达，互联网的企业发达，有众多大型互联网公司聚集。朝阳区现在需要的是传媒的转型和升级，过去是以传统的纸媒和电视媒体为主，现在则要提升到互联网平台的水平。互联网与传统媒体间最大的区别在于互联网是一个平台，这个平台除了做平台之外，还可以推进科技创新，可以成为大卖场，可以做各种各样的东西。这种产业之间的融合则以"互联网+跨界"来呈现。在当今文化产业领域中，腾讯已经成为中国市值最高的公司之一，原因在于腾讯的主营业务是"游戏+泛娱乐"，就是将文化产业内容搬到互联网之上，与广告业相互融合，这也是互联网时代最大的趋势。

互联网一个最重要的特点是一旦进入，就要立即面对全国市场和世界市场。以往文化产业面对的是区域市场，现在则要面对全国市场。因此在互联网的平台上，出现了一些区别于传统的模式，在这种模式的主导下很多互联网公司虽然还没有盈利，但其市值不断提高，比如说京东、优酷土豆的模式，这种模式可以称为未来模式。互联网平台上有两大类模式，一类属于规模效益模

---

❶陈少峰，北京大学文化产业研究院副院长，北京烽火文创中心主任。

式,因为市场领域还处于规模竞争阶段,很多公司目前不一定能够盈利,但它们代表着未来,这就是所谓的未来模式。另外一类是在文化与科技的融合领域的内容开发模式。而今千千万万的独家电商、网红直播,每一个都是寻求自己独家的内容,将内容进行垂直的开发和业务的转换。市场则以自媒体为核心,视频网站的个人平台,小平台和频道形成频道组合式的模式是目前一大潮流。未来产业发展,特别是文化产业发展中占比较重的一个领域,就是互联网文化产业,未来的机器人,娱乐机器人,也将通过互联网进行有效的整合。

文化产业是以企业为核心,中国企业发展进入到一个阶段,在互联网平台上,企业可以做得非常大,大到什么程度尚未可知。而众所周知的是,以往百货零售额最多能够达到几百亿,但互联网零售平台可以实现几万亿的营业额,在互联网背景下,现在企业已经发生了巨大的变化。

此外,现在的企业大多数都跟科技相连,在科技跟文化的融合领域,企业的变革非常突出。当前众多的国有文化企业面临变革,而国有文化企业大多集中于渠道与发行,而忽略了内容的生产,这样的局面必然需要改变。在很多行业领域如电影与动漫,都是民营企业做内容,国有企业在做平台、传播渠道,导致国有文化企业在内容方面面临着较大的瓶颈。国有文化企业构建平台+垂直业务的内容开发模式,为我国文化产业的发展发挥更好的作用。

企业的核心,应是总部性的集聚,朝阳区应该形成产业链形态的集聚基地,以此推动内容企业与平台企业之间相互联动,这是企业发展的第一个角度。

企业发展的第二个角度,朝阳区应该成为企业非常重要的注册地,提供扶持创业等服务。

企业发展的第三个角度也正是北京市和朝阳区包括北京银行正在推进的政策与金融的结合。单凭国家的专项政策扶持只能针对若干个项目给予一种支持,普惠程度较低。而目前中国文化企业最需要的正是普惠性的融资,银行认为融资风险太大,面对这样的问题,需要我们转变思路,思考政府的专项资金是否能够作为融资风险的补贴,使政府专项资金发挥杠杆作用,撬动社会资本。比如中央出资三个亿,北京市出资三个亿,朝阳出资三个亿,综合九个亿

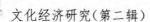

政府资金撬动三百亿的融资，将花出去的钱变成杠杆。目前中国最需要的就是融资，而融资需要企业为主体，滚动向前，偿还资金并推动资金增值。另外，中国的文化产业发展遇到的另一个问题是，文化企业基本在第七年、第八年才开始腾飞，但是中国现有的文化基金七年之内都要退出，所以中国的BAT这几家发展较好的公司的大股东都以外国人为主，本国基金已经完全退出。因此在金融方面应该重视区域基金，朝阳区自身可以发起一个引领性的创业基金，引领产业发展。最后应鼓励长期股权投资，政府积极参与长期股权投资，避免轻易退出，实现价值增值后扶持大企业，这是文化企业发展壮大的重要因素。这是目前亟待落实的三个方面，即：政府参与投资、融资，长期股权投资。

第四个角度，李克强总理提出，要推动"大众创业、万种创新""双创"即创业、众创、孵化。而目前面临的问题在于创业者在"裸奔"，没有任何资源支撑，只是提着一个包从家里到创业基地去创业，但是如果牵着一头牛，从家里牵到一个地方去，只会掉下一些牛毛，不可能实现价值的增长。文化创业需要多样的辅导和支持，而不仅仅是打造一个物理空间。创业首要提供三种支持，现在创业应进入4.0的版本，叫试创基地，需要有人来做创业、做创业投资、做创业辅导，另外还要提供创业资源，这可以称为创业的4.0版本。现在的众创空间里面的创业企业是很难存活的，原因在于相关支持的缺失。另外，朝阳区物理空间的成本较高，在这种情况下就可以与跟某种东西相结合，比如创业者在此地注册公司以后，使用此地物理空间，将来可以通过税收或者是通过某种方式，在达到一定程度时，重新给予创业者一些补偿或者是激励。换句话来讲，谁贡献大就奖励谁，以往政策是事前的补贴，今后便可以转换为事后的奖励，在政策上有更大的支持。

第五个角度，今天重新进行产业的整合，现在产业整合，较好的包括互联网也包括健康，健康不光是在医院里，还可以发展健康旅游，还包含着机器人，今后最大的产业可能就是娱乐机器人，这个机器人可以陪伴你娱乐，甚至可以作为伴侣，作为朋友，这是极其重要的趋势。这个趋势当中，就可以构建成一个新的产业链，而不仅仅是不同的企业的集聚。同时也可以在朝阳区原有的传媒产业链、旅游产业链或演出产业链之外，根据现代产业，以互联网为核心，重新组织若干条产业链,根据这个产业链的结构来配制资源,设计政策。在空间和业态上也需要有一定的安排,来实现产业的完善。

第六个角度,中国的文化出口面临着比较严峻的局面,2015年旅游出口约有一万亿以上的逆差。在版权方面也存在很大的问题,几年来电影票房一直在增长,但出口额度却在下降,文化出口问题日益严峻。朝阳区是国际化程度最高的区域之一,将朝阳区作为中国文化的出口基地,不仅能够实现全国文化的文化输出,而且能够对接国外文化。将此地建设为国外定点交流地,承接"一带一路"的很多文化交流活动及贸易活动,将国内外连结在一起,形成永不落幕的博览会。当然,朝阳去做成具体的物理的空间,利用大数据,搭建各种各样交流的场所,这具有高度的政治意义和文化价值。

第七个角度,不管是北京还是朝阳,都没有一个东西能够介绍这个城市,只有规划、图表而没有一个城市的整体感受。通过打造一个城市文化体验中心,将博物馆的功能和主题公园结合在一起,博物馆没有娱乐,主题公园是没有文化,以此将这两者与高科技、历史文脉、历史故事全部结合在一起,形成一个新的展示和体验的方式。打造一个比过去的旅游集散地更有体验性与娱乐性的区域。使人们来到此地、经过此地能够了解北京,了解朝阳。这是未来要做成一种跨界体验,一个新的文化地标。

第八个角度即文化人才,在此之前中国传媒大学将经管、商学、文化结合在一起。中国文化产业最需要的是像MBA一样的管理人才,这种MBA管理人以往都是非文化产业的。现今文化产业跟MBA如果能够进行融合,将会打造出一种跨界人才。在中国像MBA一样培养文化产业的MBA,是一个非常重要的培养人才的新模式。中国传媒大学的这种模式是值得推荐的,这个模式特别适合中国,因为本科生的经验不够,在硕士阶段通过文化产业MBA可以把其他专业的人吸收进来,形成跨学科的、跨界的人才。

最后一个角度,希望我们在国际上联合培养一批硕士人才,实行国际联合培养,包括音乐产业运作的人才、电影产业运作的人才,现在培养的大多数都是表演人才或是传媒人才,缺乏产业运作的人才。在文化产业的工商管理人才培养上,今后要提升培养人才的力度。

北京"十三五"文化创意产业
面临的挑战和对策

梅　松●

一、北京"十二五"文化创意产业概述

　　总体上来讲，"十二五"期间，北京市文化创意产业的发展成绩斐然。

　　首先，从产业规模来讲，表现为一个"3"，一个"1"。一个"3"就是超过了3000亿增加值，具体数字是3067亿；一个"1"就是总收入突破了1.5万亿，五年期间增加值年均增长率14%左右，高于北京市GDP增长率将近5个百分点，总收益"十二五"期间年均增长18%。第二，从企业来讲，现在有大大小小的文化创意企业17.5万家，现在仍以每个月4000家的数量继续增加，17万多家的企业当中大约有96%是小微文化创意企业，按照文化部的说法，大概占全国的四分之一。第三，从业人员来讲，从事文化创意产业号称有192万人，占北京市第三产业从业人员的20%，也就是说在第三产业当中，五分之一都是搞文创的，占北京市总人口的15%，这个比例还是比较高的。第四，从贡献来讲，贡献包括两方面，一个是经济效益，一个是社会效益，从经济效益来看是税收，文化创意产业的税收总规模超过一千亿，这也是一个了不起的数额。从社会效益上来看，文化创意产业最终为老百姓提供精神产品，提供精神享受，当然大家看到好多电影，好的也不少、坏的也不少，总的来说至少大家有可看的东西。第五，

　　●梅松，北京市文化创意产业促进中心主任。

从空间布局来讲,从"十一五"文化创意产业集聚区发展到今天的国家文化产业创新实验区,这是一种空间的提升,同时又延伸到文化创意产业孵化器和文化众创空间,这个大大小小大概有500多个,加上文化街区那就更多了,基本上大中小各个层面都有。第六,从投资来讲,以去年的数字来算,从政府到社会各界,到直接融资、间接融资,到外资,总规模大概5000亿人民币,其中股权融资508亿,占全国一半以上,通过上市融资一千亿,大约也占全国一半以上,银行贷款去年是980个亿,将近一千亿,占全国的四分之一。换个角度说,有1.5万亿的收入,没有投资支撑也是不可想象的。

总的来讲,"十二五"北京文化创意产业规模大约相当于英国一个国家的水平,这是"十二五"的表现。

二、北京"十三五"文化创意产业面临的挑战

在"十二五"的末期,文化创意增加值占15%,去年是13.4%,五年之间要增长1.6%,因为基数大,这个任务还是挺艰巨的。"十三五"文化创意产业面临的挑战大概有以下六个:

第一个挑战,高技术下怎么增长的问题。

第二个挑战,在京津冀大格局下产业怎么布局的问题,过去我们只讲北京市,现在强调京津冀协同发展。

第三个挑战,新型城镇化下城乡怎么发展的问题,文创产业发展主要在城区,尤其两大城区:朝阳区和海淀区,如果再加上东城区,三个城区基本上占70%,郊区,特别是远郊区的规模就非常小。

第四个挑战,现在文化市场体系的缺失也好、不健全也好,相对其他的产业,文化产业还缺完整的要素市场、资本市场、人才市场、高新技术。

第五个挑战,全球化国际化的背景下怎么走出去的问题,这个走出去不是北京市走出去,是文化真正走出去。

第六个挑战,精准失策与政策怎么导向的问题,我们适应文创发展,"十一五"到"十二五",中国出台了80个政策,370个条款,经过10年发展,尤其经过"十二五"发展以后还怎么做,政府再怎么导向,政策必须要有针对性。

三、北京"十三五"文化创意产业发展的对策

第一，怎么样通过提质增效来实现北京文创产业的可持续发展.从北京情况来看，产业规模应该已经达到一定规模，怎么把文化创意产业万亿效应或者溢出效应跟相关产业对接和融合，可能是我们一个考虑的重点，单就文化说文化，很难做大，凡是文化和其他产业融合在一起的产业，发展还比较快。

第二，在京津冀这个视角下，怎么布局我们北京文创产业。现在京津冀关注度高，北京市很多文创产业已经主动面向天津和河北，据了解，我们在天津已经办了六个文创园区，有老厂房改造，也有新房子重做，在河北中间的县市也布局了一批，现在没有很完整的统计，企业比我们想象的更多。我们去年做了统计，北京市对京津的投资，在整个京津冀大概占比60%，其中65%都是通过文创投出去的。

第三，怎么把城乡，尤其是北京郊区的文化资源利用起来.我们考虑通过新型城镇化这个背景下，把现代文化产业导入到城乡乡镇的传统文化因素结合在一起，打造特色的空间和特色小镇。

第四，在市场体系建设，能否充分通过市场体系的完善来发挥市场主体的作用，市场主体就是我们的企业。朝阳实验区做了很好的尝试，包括信用促进会，我认为这就是一种市场建设，通过中小微文化信用企业提供征信服务，另外还有建保税区、口岸。

第五，文化到底如何走出去。最近刚刚完成中宣部的内部报告，北京市去年对外文化投资7.5亿美元，对外文化贸易35亿美元，但是有一个更准确更靠谱的数据，通过外汇管理部门统计，北京地区，不光是北京市，可能包括中央单位，2015年对海外产生的文化类的交易量达到45万笔，交易额达到286亿美元。

第六，下一步的政策到底怎么更好地通过政府的政策导向引导企业进行发展。朝阳区最近公布的实验区的15条就很有针对性。从市里层面如何考虑，需要多少钱，这个钱怎么支持企业的发展。2016年上半年我们做了一些尝试，通过举办首届北京文创大赛，通过市场机制来遴选企业，遴选好的项目，经过

专家评委选定的100家最好的项目，现在40%左右已经被投资机构跟进，同时我们准备对这些企业，再投入资金。通过市场机制来选拔项目，选拔企业，而且下一步在这一类的情况下，政府还会加大支持力度。

把握文化园区建设方向——以国家文化产业创新实验区为例

刘军胜❶

国家文化产业创新实验区作为文化部北京市落实京津冀协同发展国家战略，建设全国文化中心的重要举措，成立一年多以来，在文化部和北京市的指导和支持下，朝阳区委区政府履行属地职能，汇集优势资源，大力治理环境，努力做好服务，实验区发展思路日益清晰，以"四个模式"，重点发展"五大产业"，探索"六大创新"，率先建设"三区两中心"即，采取系统设计、整体规划、协同推进、分步实施的建设模式，重点发展文化传媒、数字内容、创意设计、文化贸易、休闲娱乐等五大高端产业，在文化产业发展的体制机制、政策环境、市场体系、金融服务、人才培养、发展模式等方面探索改革创新，积极推动国家层面的各项文化产业政策在实验区率先落地先行先试，努力建设成为全国文化产业改革的探索区，文化经济政策的先行区和产业融合发展的示范区，成为京津冀文化产业协同发展的枢纽中心、全国文化市场中心和国际文化交流中心，为服务北京经济社会转型升级，服务京津冀文化产业协同发展，服务首都全国文化中心建设，为全国文化产业创新发展探索路径做出示范。

一年多以来，文创实验区改革举措逐步落地，产业规模不断壮大，经济效益显著增强，品牌影响持续提升，实验区已经集中推出了涵盖信用体系、文化消费、文化保税等15个领域的政策措施。2015年，文创实验区规模以上文化创意产业实现收入1449.3亿元。截至2016年8月底，在文创实验区登记注册的文

❶刘军胜，北京市朝阳区委常委、宣传部部长。

化企业30408家。2014年1至8月份，新增注册资本5000万以上的文化企业237家，注册资本1亿元以上的企业78家。

文创实验区通过鼓励和支持旧工业厂房改造、传统商业厂房升级、有形市场腾退转型和农村集体产业项目选择"高精尖"等四种模式，新引导转型升级万东国际、铜牛影视、半壁店一号、C立方等文化产业特色园区。

目前，文创实验区已经聚集了北京国家广告产业园，莱锦创意产业园等50多个文化文化产业园区和基地。人民日报、中央电视台、北京电视台、凤凰集团、阿里巴巴、万达文化、腾大文化等知名品牌的文化企业形成错位、协同、融合的发展格局。实验区已经成为首都建设全国文化中心的标志性区域之一，经济转型升级的新引擎。

新世纪以来，全球与新经济发展深刻影响着全球各国的经济社会转型，文化创意产业已经成为全球范围内的城市经济社会发展的一个热点，文化创意产业园区作为产业空间集聚与发展的载体，不仅是城市空间结构变迁的直接体现，也是城市空间形象以功能重塑的一个重要动力来源，实践之中，文创实验区以四个驱动，政策驱动、内升驱动、项目驱动、服务驱动来推动实现四个有机融合。

第一，推动区域文化资源，以市场活力有机融合。文化创意产业园区的蓬勃发展，将首都丰富文化资源优势与朝阳高度国际化的市场优势相结合，进一步促进了文化市场的开放，文化主体的集聚，文化产业的开发和文化消费的繁荣，产业规模、业务收入、资产总量、市场主体等呈快速增长的态势，对区域的经济贡献稳步提升。

第二，推动区域资源涵养和产业集聚有机融合，朝阳各类文化创意产业园区依托个性化的空间承载多元化的文化氛围、宽松的园区政策环境集聚了包括艺术家、大型文化企业、知名艺术机构在内的各类高端文化产业资源，涉及文化传媒、古玩艺术品，设计创意、广告公关、文化演艺等多个行业形成了产业发展，以园区建设的良性互动。

第三，推动区域土地开发与空间优化有机融合，文创实验区将发展文创园区以挖掘城市资源统筹设计，全新规划建设和依托城市景观提升等多种模式，

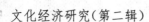

产业发展的同时推动了城市老工业基地闲置空间的再开发，促进了区域布局的整体优化。

第四，推动区域国际氛围，以品牌形象有机融合，以798园区为代表的，园区内举办的各类文化展示、创意活动、品牌发布艺术博览等活动丰富了区域多元的文化氛围，为朝阳国际化的品牌形象增添了更多的文化内涵。

朝阳文化创意产业园区经过十年的发展，正在从集聚区向功能区转型升级，在京津冀协同发展的战略背景下，首都城市功能更加聚焦，城市规划对未来文化创意产业园区的发展提出了更高的要求，未来文创园区发展要做好八个注重、八个避免。

一是在空间布局上，更加注重统筹规划，避免无序发展，目前朝阳区文化产业空间布局上既有平衡性又有同质性，优化空间结构，将文化产业要素进行市场化的配置与整合，将是"十三五"时期朝阳文化产业面临的重要任务。朝阳区将围绕着国家"一带一路"、京津冀协同发展战略、首都四个中心城市战略定位和建设三区建成小康的发展目标，以规划加强引导制定"十三五"时期《朝阳区文化创意产业发展的三年行动计划》，《朝阳区"十三五"时期建设国家文化创新产业实验区发展规划》，进一步确立了互联网+、文化+的发展思路，坚持多规合一的理念，注重土地、空间、产业、人口、生态规划衔接以产业发展的协调统一，突出文化引领作用，优化功能布局，盘活存量空间，提升产业层级。

二是在功能定位上，更加注重区域协同避免知同质竞争，统筹主导产业功能布局是实行错位竞争，避免同质竞争和要素分散的关键环节工作中主动引导文化创意产业从同质竞争向区域协同转变，下一步发挥数字内容、休闲娱乐、文化贸易等领域的独特优势，构建高精尖文化产业结构，同时注重加强园区产业功能定位的前期引导，力争形成内在品质提升，共同发展的良好格局。

三是在产业发展上，更加注重互动连通，避免产业割裂，全面感知互联互通，智慧服务，正在成为互联网时代和智慧城市的新趋势，互动连通融合跨界将是当前文创产业最大的发展机遇。朝阳区将坚持开放协同融合发展的原则，立足国际化的视野，紧抓国家对外开放战略，促进区域双向国际化发展，开拓国际市场，加强国际交流，推动文化走出去。同时紧密对接京津冀协同发展战略,加强跨区域、跨领域的协同创新,下一步还将加快推进市场一体化进程,促进文化与金融、科技与商务等产业深度融合,推动区域产城融合与城乡统筹发展,全面提升区域国际文化交往能力和市场竞争力,严格产业准入,聚焦高端产业、高端环节、高端功能,加强创意、版权、人才、科技等高端要素的聚集和成果转化。

四是在品牌塑造上更加注重特色建设,避免盲目跟风,近年来,朝阳区充分发挥区域的资源优势、产业优势和品牌优势,以产业品牌优势带动整体城市品牌的形成和发展。"十三五"期间,我们将大力实施品牌提升战略,发挥文创实验区、文创园区集群发展的优势,培育一批产业特色鲜明、配套服务完善、综合效益显著、示范带动效应强的品牌园区,加强国际知名品牌产业和机构的引进力度,加快培育一批国际知名的航母型的骨干企业和专、精、特、新的小巨人企业,积极支持国家文化产业和高端峰会品牌知名活动发展壮大。

五是在开发建设上更加注重规范引导避免潜在风险,文化赋予了传统产业、城市建设新的内涵和活力,文化产业既是一种产业,也要顾及文化的特点,符合文化的要求,要坚持以社会主义核心价值观为引领,坚持把社会效益放在首位,实践中,朝阳区坚持放管结合,加强文化产业发展的引导和管理,加强和完善文化产业服务和管理模式,引导投资方向,坚决抵制低俗、庸俗、媚俗之风,促进文化产业自觉履行社会责任,鼓励各类市场主体公平竞争、优胜劣汰,促进文化资源要素合理流动。下一阶段,朝阳区还将进一步加大知识产权保护力度,积极探索运用法律、行政、科技、财政等手段,加强文化市场的安全监管,切实保障文化安全。

六是在管理模式上,更加注重专业运营,避免低端集聚。文化产业作为一项新兴的产业,在发展的过程中有其特殊性和复杂性,需要加强管理,近年来,朝阳区注重在人才资金服务上优化管理,下一步将坚持培养与引进相结合,完善文化创意产业专家、人才资源库、数据库,完善文化创意产业发展引导资金使用绩效考核评价体系,加强对产业专项资金的监督管理,提高财政资金的使用效率,同时进一步加强对产业发展形式和特点的跟踪和研究,细化对重点区域、重点行业和重点项目的监测评价,加强对重点企业和项目建设的动态跟踪

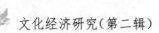

服务。

七是在功能服务上更加注重搭建平台，避免服务错位和缺位。文化产业发展从无到有的过程之中，来自政府的推动，一直是决定产业发展水平的重要因素，为了让有形的手发挥作用，近年来，朝阳区注重以优质高效的公共服务推动文化产业发展，夯实承载的支撑，促进资源集聚，满足发展需求，实现文创园区整体环境水平的大幅提升。

下一阶段，以文创实验区为核心，朝阳区将统筹文创实验区与周边地区的基础设施、公共设施以及其他配套设施的开发建设，营造文创实验区良好的发展环境，完善文创实验区行政审批、公共技术、投融资、版权服务、创业孵化、人才引进、宣传推介等公共服务平台，发挥中介组织、行业协会，在促进行业自律、产业发展中的重要作用，进一步健全简化规范完备高效的公共服务体系。

八是在政策制定上，更加注重集成创新，避免政策虚空。政策集成创新是以系统思维、创新思维、谋划和推进改革的一个重要体现，目前国家层面在文化产业发展的目标和路线方针已经明确，但与之相适应的有针对性的可操作、能落地的财政、税收、金融、土地、人才等配套措施还不够完善，具体到朝阳区，"十三五"期间，将紧密结合国家改革的方向和任务，充分发挥文创实验区作为文化经济政策先行先试试验田的作用，着重在文化金融、文化消费、文化贸易、文化保税等方面积极争取支持，重点做好北京市服务业扩大开放综合试点政策，在文创实验区的落地工作，吃透政策、理清流程、明确任务，做好相关政策的解读和运用，加强政策集成创新和支持力度，完善符合朝阳区产业定位和特色的政策服务和促进体系，形成政策新优势促进产业升级发展。

营造21世纪创意城市

康文玲[1]

21世纪是创意的时代，互联网的时代，今天我们将眼睛放回地球，着眼于人类所生存的城市与文化之间的链接融合，探讨在21世纪的今天如何营造创意城市。

2008年联合国贸易组织在《全球贸易报告书》中表明：世界正在出现一种文化和经济相结合的潮流与趋势，这就是所谓的跨界。创意产业本来就是一个大跨界，它是文化、艺术与经济相连接，与产业相联合的新型产业形态。

目前，全球众多国家致力于发展文化创意产业，并将此作为国家的重要战略，众多城市通过创意产业，发展成为一个具有创意特色城市，而此中起关键作用的，不仅包括地方机构领导还包括更为核心的园区创意平台。台北华山，在过去的100里是一个酒场，100年前的人无法想象，将来它会成一个每年举办100场活动，聚集100万人参与的场所，这也印证了21世纪创意时代的到来。

20世纪人类知识文明发展成熟，21世纪真正进入知识经济时代。今天可以看到，知识性产业凝结于互联网平台，面向广大需求，知识因此得到广泛的传播，知识分子成为文化传播者。目前中国大陆资讯硬件设备完善、软件创意开发踊跃、使用者思维观念成熟、经济市场完善，综合以上要素促使中国不断向创业实验的国家迈进。在这个过程中，最为关键的是如何在具体实体上，使内容与互联网能够更加同步，刺激创意商业者。

2008年爆发金融危机，全球经济大萧条，但是值得注意的是文创产业在这样的时代环境下，完全不受经济萧条的影响，甚至呈现出了逆势上扬的态势。

---

[1]康文玲，台湾华山1914文创园区副总经理。

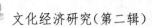

此后各国在经济政策的制定上发生了革命性的改变，聚焦于探究文化创意产业的发展。

文化创意产业可以分成文化、创意及产业三个方面来解释：文化是一群人聚集在一个区域内，共同生活形成约定俗成的共同的内容。创意是人创想的积累，是无中生有式的创造。产业则是将文化与创业落实到制度之上，使其为市场所需，形成产业，这是一个相互链接的过程。

IP（intellectual capital）即知识产权，一首歌、一首诗、一幅画都具有知识产权。在21世纪，通过知识技术、资讯传播，每一个IP都可以形成一个产业。IP的开发实质上就是生产分配的过程。而这个过程是无所不包的，大到集团，小到一个作家、工作室集聚于一个产业群中。而透过文创集群，文创型城市吸引了众多创意人才的集聚，经济衰败城市也因此而华丽转身。有如郎园，通过文化创意产业集聚，从工厂转型成为创意平台；爱丁堡，一个以古迹文明为创意基点的城市，此地所有的产业与创意之间都能架构起创意沟通的平台。

关于城市的定义，可以简单地从1.0到3.0时代加以说明。20世纪是1.0跟2.0时代，1.0时代建立起道路、桥梁、区块，2.0是人居住于城市之中，形成了区域文化、生活习惯、交通线路、重要地标。而创意城市就是城市发展的3.0阶段。台北是一个中心轴线翻转的城市，从港口发展为小集镇，通过文化沉积发展为台北西区，成为经济贸易区。但随着东区——创新商业区的成功传统西区逐渐没落。在此困境下，西区创意产业的注入，西区注入了新的活力，从传统经济区转型文创区，如此区域之间不断翻转，不断发展。北京是典型的中心扩展型城市，它像一个心脏一样，不停地向周边散发它的能量。在这样的过程如何创造整个城市的能见度，成为我们讨论的焦点，而爱丁堡式发展成为了可行的路径。

爱丁堡，原是苏格兰高地的一个城堡，从20世纪末的一群策展人寻找艺术场馆开始，此地便成为舞蹈、音乐、美术等团体演出交易的集散地，成为会展之都。它依靠着众多创业产业人实现了华丽的转身，创意产业人即完全是从事文化艺术创造、影视创作的核心创作者，他们群居于爱丁堡这座创意城市之中，不断挖掘发展着城市的价值。爱丁堡的每一天都因为文创产业人的存在而变成了节日,中国互联网的成果便可借鉴爱丁堡经验,将所有内容替换进来,全年有序经营,成为真正的创意产业。

但当城市2.0基础强大而无法改变时,3.0时代的城市即是处于互联网中看不见的城市。在这个阶段,无须实体,一个帖子,一首歌一部电影都可以使人深入感受、理解这个城市。这样的时代叫作3.0创意时代,此时城市部分的规划必须通过大量持续性的操作性的展览,增强城市的吸引力与影响力。3.0时代,就是营造创意城市名片这样的时代,吸引更多不认识这个城市的人到城市中来,更好地满足人对于展览、艺术等精神需求。2002年巴黎政府创办白夜节,它整合了地铁、公共建筑、旅游以及表演艺术等多种因素为巴黎注入了强劲的文化活力。

最初白夜节由政府全部买单,2007年活动的70%来源于企业赞助,而吸引企业资本的关键活动本身是对环境的关怀,通过罗浮宫的雕像与现代舞者一起舞动,塞纳河边民族舞蹈演出等多彩丰富的文艺活动,鼓励人们走出家门,节约能源。家里不开灯,走到外面来。巴黎是一个浪漫的城市,利用现代科技为夜晚建筑写上永恒的诗句,也是活动吸引企业投资的重要方式。因此,一个城市可以通过夜晚,让城市更加生动、有趣、充满活力。

里昂是一个老旧的城市,它不同于巴黎,城市中的一砖一瓦一墙等文化资产都需要完全保留,在这样的城市中如何规划、运营与营销是影响城市未来发展的核心要素。只有依靠于城市优秀的创意规划团队,完成本城市文化资源的保护性开发并完成智力与技术的输出。

在城市规划过程中,基于整个城市的视觉思考,充分利用多样的灯光形式,为城市打造完整的视觉印象而非文字记忆。北京胡同是北京文化的一个代名词,做好胡同的创意思考,将图像印到人的脑子中,全球500万观光客便不会迷路。其中首要的是全区规划,而非局部的华丽。一个城市的营销在于将城市文化的语言以讲演的方式,聚集人群;依靠活动,掀动整个城市,留住更多不认识的人,并将其停留时间无限延长。与其产生亲密关系,不断提升城市的经济、文化效益。

但更应注意的是城市文化内容的差异化。每个城市都可以应用同一种方

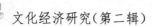

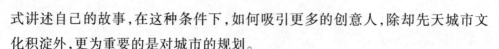

式讲述自己的故事，在这种条件下，如何吸引更多的创意人，除却先天城市文化积淀外，更为重要的是对城市的规划。

在21世纪，城市越保持文化原貌便越容易华丽转身。原有的历史建筑越完整，越有权利拿城市的大IP讲故事。台湾一个400年没有改变的渔港，利用LED、投影等手段在一个没有光的地方打造出一台灯光节，吸引了150万人。更为重要的是，通过灯光节带动了当地各项产业、服务的发展与完善。

大量的城市在21世纪通过艺术，展览运营创意城市，一个艺术可以改变一个默默无闻的小岛。德国鲁尔工业区，两个瑞士建筑师做的一个建筑影响更甚。鲁尔工业区是工业改造中最成功、最经典的范例，在工业衰落后，鲁尔区对环境做出了反省，绿被种植、山顶恢复多项措施并举，以全局的眼光与创意的手法完成绿色环境的恢复与再造。当代城市发展中，随着产业迁移，众多工业建筑遗存。而在对工业遗存进行创新运用时，不能盲从盲目，而应坚持整个工业发展的公理与规律，不忘前世，铭记城市乡愁。创意城市的根源便在于寻求一个文化符号，利用创意手段，重新解读、建构，表达，满足当代人的需求。不关怀原来，创新便只是空谈。台北华山文创园区修旧如旧，不加以改变，以此方能显示出规划的用心所在。

北京历史文化底蕴深厚，工业遗留建筑更是多样，对工业建筑进行创意价值是比较容易的，但是此中的关键环节在于寻找建筑的灵魂，创造内容的灵魂。淡路岛在规划之前是一座垃圾岛，而安藤忠雄把垃圾变成的美梦，他做的事情是梦舞台。覆盖绿植，让环境土壤休息，种植莲花使人的心灵得到平静。新禧县贫穷、偏废，通过将童话、绘本重新在废弃学区中的改编，为儿童做创意设计，在稻田里写诗，歌颂劳动人民，歌颂太阳，歌颂所有自然。把诗挂到大地上，让城市找到了思考这个地方的能量；将黄浦江的一个老煤仓转变成江边艺术集聚区，对文化艺术人而言是一个简单的操作方式，但从更深意义层面上来讲，这是对沉寂已久的工业遗产的重新发掘与利用。

我们从前人手中接下百年工业遗存，在旧的空间注入新的创意讲述新故事，形成了台北的艺术平台。在当代的今天，思考城市的存量，挖掘世代工业文化遗产，是21世纪我们存在的意义。

传统文化空间构建思考

李 炎[1]

　　围绕西部地区的文化产业发展、文化资源的开发和保护我们暑期做了为期一个月的调研,通过研究分析,提炼了一些关于传统文化空间的建构思考。

　　北京市朝阳区书记2015年调到了云南省昆明市,针对昆明市做了一些战略发展的新思考。昆明曾经也做过一些规划,但是一直没有引起相关部门的重视。这次陈书记到昆明后,调研了几个文化创意产业项目,同时要求在"十三五"的规划中,把文化创意产业加入进去。于是不到一个月的时间,朝阳区的官员和昆明市政府进行对接,在整个对接过程中推动了文化创意产业市场化的大发展。就在最近,出台了一个整体规划,形成了几个重大工程。其中"115"工程要建10个文化创意园区。经过这些年我们对朝阳区的关注以及做的实地调研,我一直在思考,朝阳区的创意创业示范区能不能在中国其他地区复制? 其实文化创意产业的集聚区远比其他的工业园区复杂得多。在调研中发现,在整体发展过程中有一系列值得我们注意的问题,也值得我们认真去思考,在国家整体的产业结构和布局过程中,这种产业集聚发展方式到底应该怎么去做? 纵观我国产业实验区和产业的示范基地发展过程,大致经历两个阶段,第一个阶段是从无到有,在发展的过程中,那些能很好地利用已有资源进行创新发展的园区,并借助国家的方式推动产业发展,办产业示范基地,产业示范园,打造成国内领先和有亮点的园区。到了今天我们认为应该进入第二个阶段,要遵循文化经济发展的规律,遵循产业发展,发挥市场引导的主题方式,形成以市场为主题的文化产业发展的集聚区。

---

❶作者简介:李炎,云南大学文化产业研究院院长,教授。

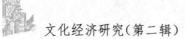

朝阳区是依托北京市政治经济文化中心优势,在产业结构转型过程中,退一进二,在这个基础上形成了以工厂区为主体的创意产业园区,加上高校和相关的重大国家机构和传播文化产业的方式,形成的集聚产业发展方式,这种发展模式在中国也仅此一二而已。调研中发现,在市场为主体之下,自然形成的一些新的文化空间,它既是一种非文化的表现形态,也是一个区域文化交流中心,更是今天的文化产业创新发展的根基,也是一种在市场培育之下自然而然形成的文化产业的集聚园区,这种集聚园区没有特定的物理空间、地理空间,也没有更多的核心企业来支撑,但是它背后的活力、它背后的价值,以及它背后孕育出来的一些新的文化创意的业态和结构值得我们去关注。在这个基础上考虑几个问题:

第一,文化产业创新实验区与文化产业集聚关系值得我们去关注。不言而喻,国家为了推动产业集聚,推动一些文化的展示交流和创业核心,国家目的是要示范性的方式助推国家文化产业的发展,但是如果一个文化产业区原本就只是一个挂牌的话,那就没有真正起到带头的作用了。我们今天应该更多地从国家产业布局以及针对不同地区的资源、市场和发展方式,有一种科学合理的布局,而不是用一种单一的方式来代替多元化的东西。文化创意,包括文化创新都应该和产业集聚一样,应该走多元化的方式。

第二,文化产业创新实验区与国家文化产业多元。目前所有的政策核心都没有指向市场开放问题,比如资本能否进入报业、资本能不能进入影视,一系列的问题中都还没有触及,也没有明确的规范条例。文化部为主体的文化事业单位在文化发展问题中的集中问题就是文化市场的开放性太低。我们在今天强调两种效益的基础上,我认为还应该考虑新的文化产业国家示范区来推动文化产业多元化,满足不同的消费。

第三,文化空间是区域文化产业创新发展的根基。在调研中,我们针对大理和丽江的文化空间做了对比研究。在沿海地区形成了大量的手工艺集聚区,大理和丽江这两个核心区文化区,距离不到一百公里,它们都是世界文化遗产的中心,中间所形成的生产型的一些民族村寨,天然享有的旅游资源,于是形成了消费型和度假型的历史文化名村、形成众多的旅游景点。在市场经济情况之下自然而然就形成了产业示范园区,它的经济价值、社会价值以及对少数民族地区可持续发展的作用,丝毫不亚于朝阳区整个产业转型当中的地位带动作用。

2015年大理和丽江接待的旅游游客人次超过6000万,核心区域当中的两个地区,大理小寺和丽江碧龙县人口全部加起来也不过60万人,60万人服务6000万,已经从传统的农耕经济直接跨越了工业经济,转向后工业或者现代工业的发展模式。这个过程中还可以发现很多新的业态。从经济数据、文化旅游的收入到形成的文化旅游空间,本土消费市场、国内消费市场和国际消费市场这6000万人带来的空间的集聚叠加,形成区域的文化产业模式。在区域面积不大的丽江就有五场大型演艺节目,其中有四场每年都在演一千场,每天接近两场到三场,收入都在2个亿左右,而且经久不衰。尤以《印象丽江》为代表。这与上海的《文化隧道》演出十周年在《中国文化报》做的投入宣传相比,丽江与大理的实景演出完全无须商业宣传。

在民族民间工艺品方面,丽江机场边的杏花村,今年我们做的最新调研,发现杏花村就是一个白族村寨,有一万多手工艺人活跃在整个藏区,从西藏、青海到甘肃到内蒙古,沿线包括尼泊尔。杏花村2015年旅游工艺品的产值20亿,有五家大型的会计公司进驻这个小小的村落,2015年从丽江机场进驻杏花村的金达到600吨,银800吨,打造各种各样的手工艺品输出全球。整个洱海、苍耳共有6000家特色客栈、民宿客栈,同时长期隐居着文化、音乐、休闲、创意方面的人才将近6000人,其中大师级的人将近五六百人,形成了完整的发展方式。

从业态和空间发展的角度来讲,它没有政府更多的投入,而是在庞大的三层叠加的国际、本土和国内消费的带动之下,依托着生态环境,民族文化资源和良好的开放式的商业文化的状态,形成了在西部地区特有的创意产业集聚区。这种集聚区到现在为止,没有引发政府包括当地政府以及国家对这方面的关注和重视。而政府把更多的精力放到以土地的方式来推动上,比如云南五大国有企业,有一家报业集团,都不敢对省里的领导一年报出800万的净利润。而国家级木雕工艺美术大师段国良在某个园区文化空间里开的家庭作坊

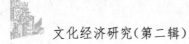

都能达到这一利润值。纵观其他国家，都没有更多政府的投资，都是市场资源和文化形成的，追溯这个地方，这个地方历史上就是一个藏川业文化的重要通道，同时也是中原文化、藏文化和东南亚文化以及本土文化的汇集区，文化创意产业的示范园区，在中国东南西北中有不同的历史文化根基，也有文化的结构，同时有他自身的消费市场和全球化的叠加，或者是融入全球化过程当中带来的去疆域化过程中的新文化空间，满足生尊、生活的新的文化空间正在建构。这片土地上，它的气候、它的文化、它的素质以及外来的群体，共同在培育和演绎着一个新的文化空间。

有的老的文化空间转让出来或者挪让出来给新的文化空间，如何关注、如何去做？在这个基础之上，有几个问题值得我们关注，有些专家直接进行着我们国家产业文化创意政策的制订，第一，朝阳区这样的国家文化产业创新实验区在全国可复制性的难度。第二，国家文化产业创新实验区是否只需要一种模式？第三，如何衡量文化创意产业在国家供给侧改革中的价值。我们看到大理丽江的文化空间、看到甘南州的文化空间、看到贵西北和川南的文化创意空间，它在满足本土的文化消费需求的同时，也改善了当地人民的生存质量和经济发展，还给当地找到一种引领经济发展模式，同时又带动了民族文化的发展。

第四，2012年国家统计指标体系及直报系统是否合理？正因为数字文化体现，反过来在地区发展当中的地位和价值就不够了。像山东的临沂、潍坊，大量的东西不能去报。文化产业真正核心在于惠民，找到这个地方的可持续发展路径。我们在做一些理论上的探索和思考，用这样的方式和文化产业创新实现去做对话，正是这样的少数民族地区找到了和全世界对话的工具。

文化创新与创意营造

卜希霆[1]

探讨文化产业和文化创新,更多的会思考这样几个问题:一是为什么要去做文化产业?二是从整个纵向历史发展脉络看,怎样去思考文化产业?需要研究文化产业史,需要从文化创新发展的角度和未来文化创新的落点,以及从创意营造方面拓展新的思考路径。

一、文化产业发展的三个态度

一是"不得已",二是"不纠结",三是"不跟随",这是我对于文化创新,包括对文化产业思考的维度。

第一"不得已"。之所以是"不得已",是因为我们这个时代选择文化产业是尴尬的。近100年,我们几乎消耗了接近20倍以上的能源,把全球能源消耗殆尽。最早的人类能源消耗主要靠草木来进行,后来发现了煤、又发现了石油,尤其是近些年对新能源(包括天然气)进行了大量的开掘,但这些资源经过近百年甚至更长一段时间的消耗,基本上已接近尾声,按照科学的匡算,大概到2050年,我们的石油基本上就消耗殆尽。我们所有的产业核心动能来自资源的,资源全部消耗掉了之后,未来是什么样?从产业的发展角度,从生活、从地球、从人类发展的角度,文化产业是一个不得已的选择,是为了减少对能源的消耗,将更多的智力因素、创意因素、文化消费变成我们主要的消费能力,从未来的视角看,发展文化产业,实际上它是一个不得已的选择,必须选择一个对

---

❶卜希霆,中国传媒大学经管学部党委副书记兼文化发展研究院副院长。

能源消耗依赖越来越小的那个产业,这是我对文化创新的第一个思考。

第二"不纠结"。对待文化产业、文化创新过程不能够过于纠结。包括去一些地方调研,我们把自己城市的很多内容拿出来让专家看,许多东西都可以产业化,但事实上有些东西可以进行开发,有些东西真的不能随意开发。因而从这个角度来说,需要对文化资源进行盘点,哪些内容真的不适宜开发,甚至在开发过程中会造成极度的混乱甚至破坏,都是我们需要考虑的问题。文化供给过程之中的平衡关系如何去处理,是在整个区域发展过程之中,国家文化创新过程之中不能纠结的事。所有的东西都要拿出来放大或者滚雪球,选择必要的东西来开发。

第三"不跟随"。在整个产业开发过程之中,包括文化建设过程之中,不能够跟随。我们到很多城市考察,除了建筑之外,很多内容同质化都很强,很多城市都有欧洲小镇,都有这样那样的外国名字,也都有很多从其他地方借鉴来的东西。有一天我从杭州坐高铁回北京,路上看到一个金字塔,还有人面狮身相,就在主题公园里面。这在我们国内是司空见惯的情景,这些东西往往脱离城市自身的文化特点和文化特色,紧跟着时代热点,但当热点消失之后,这些东西仍在那个地方,变成巨大的垃圾。因而我们在未来整个发展过程中不能够形成跟风的态度,应该更加强调个性,强调整个发展的特色和自身的很多独特的思考。

二、文化产业的五个创新落点

文化创新的内容非常丰富,涉及的领域也很广阔,但是从目前来讲,要把这五个方面与我们的文化建设紧密的对接起来,因为它现在在整个城市建设和国家建设中是特别重要的部分。

第一个,创新落点在传统文化。在文化产业发展过程中,传统内容是特别好的一部分资产,但是这些资产,它需要去判断,需要思考建立怎样的维度进行活化,而在整个活化过程中,如何进行适度的挖掘和发展。现在国内的博物馆都在进行传统文化的挖掘,包括博物馆的开掘。近些年,尤其今年关于博物馆的利好政策非常多,希望通过创新化的方法,使古老的文化,使散落在民间的传统内容进行有效的升级。但是在这个过程之中也存在很多问题，有一个研究生正好对这方面感兴趣，研究博物馆创意的适度开发，那就得研究适度的概念以及为什么要适度。有很多的内容过度开发以后，有一句老话叫"过犹不及"，就会使很多内容走到另一个偏向，甚至会在开发过程中变成很Low的内容，因而开发要适度。同时，我们希望所有的传统内容不是被当代人使用殆尽，而下一代人不能够继续分享，它是可持续发展的。有一个词叫"代际公平"，这一代人能够享受、下一代人还能够享受。传统文化就是可以让更多的人享受内容，而不能将所有的传统资源拿出来变卖，这就需要控制。有些东西要有时间规划，这个内容在这个时间开发，那个内容在那个时间开发，因而传统文化的活化要有很多的要求，通过活化能使传统文化焕发更多的价值。在博物馆、在陈列室里摆着的很多内容，如果不去精心地把它们发掘出来、传播出去，确实是有点浪费，因而我们要用科学的方法来研究。

第二个，城市研究中有更多的新理念。第一，要抓住机遇。现在很多城市发展到一定阶段都面临着经济和各方面的下行状态，最近一个朋友和我说上海准备申办第33届奥运会并让我保密。我很疑惑，这还是一个机密吗？朋友回答说这还没公开。我说上海可能要通过举办第33届奥运会进行一个城市的更新，这确实是很多城市现在面临的问题。这次G20让杭州这么璀璨，甚至把旁边的上海光辉都淡化掉了。每一个城市，通过机遇的捕捉，比如奥运会举办城市北京，第24届冬奥会举办城市张家口，大型会展真的可以有效地提升这个城市的影响力。但在这个过程中，怎么通过文化的构建、文化的创新来抓住这些机遇，使这个机遇更好的沉淀城市文化？就需要在城市更新过程之中，把城市的特色和城市自身的文化有效的提炼出来，打造成为城市的一张名片。同时，也需要注意城市发展过程之中的空间瓶颈问题。有首歌叫《五环之歌》，就是在强调这个城市跟摊大饼一样越来越大，哪些内容能够在城市更新过程中更好的集聚，这需要我们去思考。在2015年我带着研究生做一个课题，探讨城市文化综合体在整个城市的产业发展过程中，尤其文化产业发展中的作用。整个城市的空间可能就要通过这些综合体，通过集约性的发展来更好的呈现我们的文化。

第三个,乡村建设也是不可忽视的领域。尤其文化创新过程之中如何更好地再造乡村,一方面要通过乡村自身的地理内容结合乡村的地标去推动,另一方面,习总书记所谈到的乡愁以及现在日渐开始形成的一种逆城市化现象,都促使乡村成为未来文化开发的一个重要节点,所以这也是整个创新过程之中的一个重要落点。

第四个,整个落点过程中日常生活的审美化。台湾同胞们比较喜欢"创造"这样的一些词汇,例如"生活美学",这些词确实强调工匠精神、强调创意的营造,强度文化的聚落、强调社群的文化共识,这都使我们的生活共建发生更多的有效文化引导。

第五个,文化治理。应特别强调,关于城镇化过程之中的文化指标建设。中国文化过程中的社会化文化,通过文化治理的有效参与,尤其是社会创新的有效参与,能够更好地写入整个国家开展文化治理工作当中。

解读"杭州模式"

李思屈[①]

在当前中国经济L型走势下有两种人气模式,一个是杭州市一个是重庆市。上半年的经济走势这两个地方在全国走到领先的位置,杭州和重庆这两个城市的区别在哪里? 那就是第二产业和第三产业在经济发展中所做的贡献率不同。杭州第三产业远远高于第二产业,重庆则是第二产业比较强。重庆特点就是它的工业化模式发展比较成功,杭州的特点就是它的文创产业贡献率非常大,杭州的文创占到全世界GDP22.2%,这种情况下我们可以看成比较成功的模式,就是大力发展第三产业带来的经济效益。

杭州是怎样做到的呢? 概括简单一点,就是一个理念三个平台。一个理念主要是指"文化为民,落地生根"。为什么叫文化为民、落地生根? 这主要讲的是务实和融合。互联网做成一个基础设施,它的文化从国家战略出发容易得到各部委的支持。搞纯产业我们容易想到杭州的动漫,跟杭州动漫息息相关的有游戏、互联网基础设施。前年我出差到北京突然发现自己没有带现金,我跟出租车司机商量,能不能用微信支付,他说自己不懂,但是在杭州,小商贩都可以用微信支付。现在蚂蚁金服阿里巴巴也悄悄地发展起来了,都说阿里巴巴金融怎么比得过银行,但是蚂蚁金服基础在后面,文化和其他产业融合才可以走到前面去。

互联网平台的第一个特点是与信息服务相关。我们看到现在第一大平台就是互联网平台,杭州文创的领头羊是信息服务,这是最高的。第二我们看到互联网平台数字内容产业是新的增长点。前几年我是评审委员,做数字内容

---

❶李思屈,浙江大学数字娱乐产业研究中心主任。

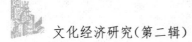

产业发展的规划项目,从2015年看起来数字内容产业增速是比较大的。第三个特点是互联网平台促进了文化的新业态。现在十三五我们提出四个"+",分别是"互联网+"、"文化+"、"时尚+"、"科技+",互联网+在最前面。马云上市之后做了一个活生生的媒介帝国,促成了很多文化产业和其他产业的融合。我们认为文化产业本身确实是一种从公共服务设施到新型的文化形态,当它百亿级的时候互联网就是工具,当是千亿级互联网变成了渠道,当它十万亿级是基础设施,当它十万亿级以上就变成了网络空间。做文化产业,既要关注我们传统宝贵资源,更要关注前沿深层文化。比如说免费模式,西湖较早成为全国第一个免费的旅游风景区,西湖免费的时候黄山正在涨价,其他地方也正在涨价,免费之后游客数就大大增加。带来的旅游消费经济增长也就不言而喻。

第二个平台就是做会展,国际动漫节连办12届,杭州动漫产业从零到现在,都跟动漫节有关。第三个平台就是金融平台。根据统计局发布的数据,互联网金融发展指数,杭州又是名列第一,深圳居第二,这个有原因的。一个是刚才讲到的蚂蚁金服。贷出去的钱平均只有几万。第二个就是杭州专门有一个杭州银行的文创支行。我们经常开会,支行的行长还来参加,这些都表明文化产业的金融发展是非常有活力的。

其实杭州走的这条文创之路是被逼出来的,为什么逼出来?西湖旁边原先有一座水泥厂,后来修了中国最大的机械化养猪场,但是因为破坏环境被迫停了。后来文化产业来了他们做好两件事,第一就是建设一个中国美院的分校区,成为一个得奖的设计工程。第二就是发展园区,在保持外观的基础上改建了内部,四个水泥桶就叫作"四个空间",养猪场建设成了杭州市委党校。

聚焦三物四链，创造有引领绩效的

国家新园区

沈望舒[1]

国内的不管是科技园区、生物园区还是文化产业区，经过实地调研了近70个，会发现大量的园区形具而实不具，想要的规模效应并不凸显。

首先，一个园区，我们将其称之为国家实验区，最重要的是它的核心功能问题。两年以前习近平总书记视察北京，提了五点要求，第一项要求是坚持和强化首都核心功能，和疏解非核心功能。郭金龙书记提到，全国人民到底要一个什么样的首都，讲的就是核心功能，不存在疏解的非核心功能。一个实验区有没有它的核心功能是第一位的。谈到首都的核心功能，简而言之，就是首都城市以物质和精神文明的先进成果与形象，引领示范带动全国的功能，如果没有引领、示范、带动的功能，那也就不具备核心地位了。所谓四个中心，国际一流的宜居之都就不会存在。从北京的实验区来讲，应该上承首都的核心功能，下载园区的核心功能，现在大量的园区都有一个非常漂亮的数字，可是关键是一个实验区就应该有一个引领和示范带动的作用。如果这个成果不出现，尤其先进成果不出现，那就存在亟待改进的问题。一个园区特别重要的是它的核心功能，也就是园区的生产力主体的精彩。第一项要物，就是能不能明确同时能持续的发挥核心的功能。

第二，核心功能建设的重要性来自于先进文化的引领。引领的关键性，做文化产业战略重振是一个复杂的工程，涉及许多复杂的产业，但是历史长河是

❶沈望舒，北京市社会科学院首都文化发展研究中心副主任。

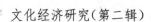

由人、事、物连缀，因此我讲"三物"，我们谈实验区谈它的参照性，又是实验区的抓手。党中央谈到文化产业发展和文化产业建设的时候，讲队伍是基础，人才是关键，人物是核心，有没有人物太重要了，没有比尔盖茨就没有微软帝国，没有乔布斯就没有 6800 亿美元的第一大上市公司，没有马云就没有现在的阿里巴巴，没有雷军就很难有四年 400 亿美元市值的小米。如果实验区没有这些先进引领型的人物就不行了。核心人物是基于人才，高于人才，可为领域产品服务项目，成功领先于时代的领袖，学业、创业、事业应代表人物而熠熠生辉，各个历史阶段都由人物所标注。科技革命用成功人物为参照系，你想有源源不断的发挥点和发光处，要由人物来带队。

第二物，风物，测量特点、特色、特质、习俗的倾向。我为景德镇的瓷业做了一个调研，到欧洲去考察也会看到那些瓷器商店，都装饰的像宫殿一样，整个产业链非常成熟和完备。范先生谈到宫崎骏最大的一个痛点他的愤怒之处实际上是尊重不尊重知识产权，有没有良好的知识产权的保护体系。风物，一个地方人们很好客，又很有序，大家愿意到你这来旅游。一听说安全都不能保证，得不到基本的尊重，谁来？因此，风物就涉及共同精神家园的建设问题。习近平在他上台之后，现在已经近二百次的提到了"利益共同体，命运共同体"，园区能不能成为利益共同体很重要。

第三物，标志性事物，大则如理论、道德、模式，创新十年的成就等学历性的转折；中则如里程碑式标志性的事件或者企业；小则是我们安身立命的产品、服务、项目等。

现在你如果问一个园区负责人，不假思索的给我三个名词让我有一种体验和购买的冲动。难，说起数字，辉煌，人见人爱的东西一个举不出来。这"三物"是检查我们是不是一个合格成功的园区的关键。

"四链"，服务链、供应链、产业链和价值链。到过浙江的特色小镇，就可以明显感觉到这"四链"的厉害。2015 年在义乌调研，为什么一个义乌县级市拿出的 GDP 让一个省级汗颜？习近平刚刚访问完伊朗、沙特、埃及。义乌的商品专列就开到伊朗，群狼战术，全是中小企业。就这种宏观的供应链，随时根据订单，能够给欧洲建大卖场，能够给里约奥运会一下一个集装箱板块的大规模供应,随时组织专业产业链,再加上当地根本无法取代的那种服务链所形成的完备体系。一个小小的县级市的书记说,"改革靠主动发展,靠争取,"底下这些人瞄准了机会,一个一个细微的产业链聚合式,最后体现在价值链上,根本不是利用点优惠政策,而是创新发展,形成完整的上下游产业链。

从青莲国际诗歌小镇看文化创新和产业融合

卜彦芳❶

青莲是李白的故乡,目前正在打造成青莲国际诗歌小镇。在小镇里李白文化资源非常丰富,有很多李白文化遗迹,具有非常深厚的文化底蕴,像李白纪念馆、太白堂、陇西院等,在李白纪念馆里面还有很多的书法家以及研究李白作品的研究者。重新打造这样一个国际诗歌小镇的概念,使得李白文化名片更加活跃了起来,而且重新盘活了当地的李白文化资源,有了一种整体感和观念意义上的极大提升。

一、青莲国际诗歌小镇的文化创新

如图 3-1 所示。

李白纪念馆
李白故居（陇西院）
磨针溪
粉竹楼
漫波渡
太白祠
太白碑林……

青莲世界
诗歌大道
世界诗歌博览会
太白古村
磨针溪景观带
文创艺术区……

图 3-1

❶卜彦芳,中国传媒大学传媒经济研究所所长。

图 3-1 左侧是一些传统的李白文化资源,像李白纪念馆、李白故居(陇西院)、磨针溪、粉竹楼、漫波渡、太白祠、太白碑林等;右侧是诗歌小镇正在着力打造的一些新的李白文化概念,例如寻访李白内心世界的青莲世界、诗歌大道、世界诗歌博览园等。在传统文化资源与文化创新之间完全没有违和感,传统文化资源为新概念的打造进行了很好的铺垫,文化创新对前者又是极大的提升。

　　比如新打造的青莲世界,集合了艺术馆、小镇规划展、咖啡厅、各类学术讲堂等功能为一体,是小镇的重要组成部分。这里有大片的疏林草坪和平湖,院落空间采用传统建筑精髓,同时加入了禅意空间的体验。在这里,可以实现和李白的对话,走进李白的内心世界,里面有专门的唐诗吟唱体验区,除李白的诗歌外,还有很多唐代著名诗人的诗,现场一边感受吟唱式的讲解,一边体会诗歌的意境,着实让人心驰神往、流连忘返。

　　由于青莲国际诗歌小镇是立足于国际视野的一种定位,所以在小镇里有许多国际元素。比如威尔士民谣王子 The Gentle Good 曾到青莲探访李白的足迹,专门做了以李白的生平为主题的专辑《不朽的诗人》。

　　另外小镇还正在重点打造世界诗歌博览园,整体采用“七大洲”的空间布局设计,具有集展陈、体验、休闲、度假为一体的功能布局。博览园把世界上各大洲著名的诗人都“请”了过来,把诗人所生活的旧居也都“搬”了过来,房间里的饰品和摆设参照诗人生活的年代,并且有诗人的部分作品。博览园的每一个房间都是一位诗人的陈列馆,他们通过风格各异的建筑、园林、水系串联在一起,形成诗歌的世界。游客到这里可以去“身临其境”地感受伟大诗人的气息。

　　从文化概念上来说,青莲国际诗歌小镇重新有了一个更加整体性的包装和文化意义上的极大提升,对于李白文化资源是一个盘活传统创造力的创新之举。

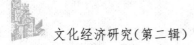

二、青莲国际诗歌小镇的文化+产业融合

如图3-2所示。

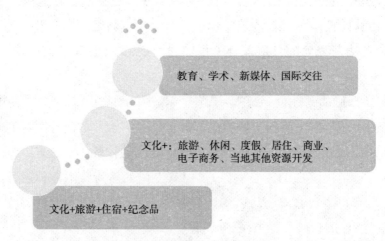

图3-2

我们平常谈到文化与旅游产业的融合，很长一段时间是停留在文化景点旅游+住宿+纪念品的模式上。在互联网+背景下，文化+能融合更多的资源与业务，青莲国际诗歌小镇的文化+就融合了很多产业，旅游、休闲、度假、居住、商业、电子商务等，都在文化+的产业融合平台上体现。像江油肥肠的营销和电子商务做得有声有色，墨玉砚台的体验活动和销售也有浓浓的文化味道。另外，青莲国际诗歌小镇的文化+产业融合，在文化意义上也有一种新的螺旋式的提升，在文化教育、学术交流、国际交往、新媒体平台搭建等方面都在着力塑造小镇的文化味道。

目前，青莲小镇以李白文化为依托、国际诗歌为势、历史文化遗迹为契，成为一个集"旅游观光、朝拜诗仙、诗歌诵读、休闲体验、健康养老、美丽乡村"为一体的文化旅游小镇。在2015国际旅游度假目的地创新发展论坛上，青莲国际诗歌小镇以最具魅力的文化创意、创新理念及建设成果赢得与会专家学者的一致好评，被授予"最具文化创意旅游小镇"称号。

三、对传统文化传播与传承的思考

青莲作为李白的故乡,有着传承诗仙文化的责任。青莲国际诗歌小镇的打造,从文化传播的角度看,这将是一个创新性的综合传播平台,对于李白文化的传播与传承具有重要意义。

青莲小镇创新性的平台能够在以下四个方面促进文化创新与产业融合,如图3-3。

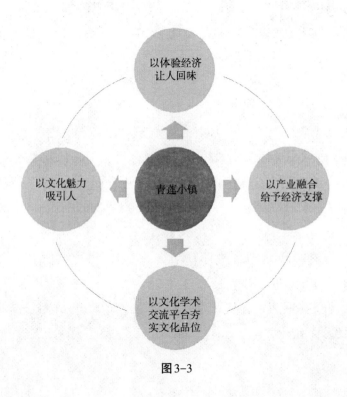

图3-3

一是以文化魅力吸引人。李白文化对我们国人来说还是有极大吸引力的,夯实小镇的文化基础、营造小镇的文化氛围,这是小镇得以长期吸引人的关键。

二是以体验经济打动人,让人流连忘返。小镇上许多体验性的项目能够让人更加近距离地感受李白的生活,体会李白诗歌及李白文化的意境,也使得李

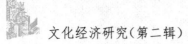

白文化以一种新的姿态吸引游客。

三是以产业融合给予强力经济支持。青莲小镇融合了很多产业项目，这是小镇实现快速发展的经济动力与支撑。

四是以文化学术交流平台的搭建夯实小镇未来可持续发展的文化动力。像李白纪念馆本身就是一个博物馆，它收藏了许多李白的作品以及研究李白文化的后人书法作品、画及其他艺术品，馆藏非常丰富。2015年的中秋晚会在江油举办，2016年诗词大会在青莲小镇举办，非物质文化遗产协会工作会议也在青莲举办，还有一些特色文化节等。这些文化学术交流活动对青莲小镇来说，在文化创新与产业融合的基础上，对实现可持续发展具有非常重要的意义。

四、结　语

青莲国际诗歌小镇的文化创新为产业融合提供了文化方面的原动力，而产业融合发展反过来又给青莲小镇文化品位的进一步提升注入了经济的支撑。在文化+时代，如果能融合好，一定会起到相得益彰的效果。

住建部、国家发展改革委、财政部发布的《关于开展特色小镇培育工作的通知》提出，到2020年我国将培育1000个左右各具特色、富有活力的特色小镇。在此政策的春风下，未来随着文化创新与产业的进一步融合发展，青莲国际诗歌小镇不仅将成为世界诗歌文化交流的重镇，也将成为新产业生态比较完备的文化经济体。

基于企业需求的文化产业园区
竞争力提升研究
——以北京市典型文化产业园区为例

张春河[1]

一、研究解决什么问题

从产业需求角度或者从企业需求角度去研究文化产业园区的问题,在学术界还很少见到。最近两年时间里,我和我带的研究生许景同学对此进行了尝试。

从企业需求的角度上去研究,在我的设想当中,它可以解决两个非常明显的问题,首先解决满足需求不足的问题。需求一个是现实的需求,另一个是潜在的需求。现实的需求是你不满足我的园区入驻需求,我可能就不到你的园区去,通过这样的调查知道目前的园区在满足需求方面,有哪些需求供给不足。其次是关于园区升级版本的问题。也就涉及我们经常谈论的到底文化产业园区的升级版是什么样的情况?说法很多,第一种是二房东、第二种是在服务上做文章,再下一种是孵化器,有人把这个当成1.0版、2.0版、3.0版等,这些说法的依据、标准是什么,始终没有大的发展。

---

[1] 张春河,中国传媒大学文化发展研究院教授。

二、如何做研究

针对这一研究课题,最难的是怎么测量的问题,测量企业的需求要有一定的方法,最简单可行的方法一个是访谈,还有一个是问卷调查。

理论基础上看,园区的企业需求可能会是马斯洛需求理论所讲的那样。按照粗线条的看有生存需求、发展需求和社会需求,在这个基础上形成了基本的理论支撑体系,后面的问卷调查也好,访谈调查也好,都是围绕这样几类需求来展开。

样本的选择也是一个问题,我们选择了其中有代表性的五个国家实验园区。我带的研究生许景同学在做这个调研时,深入园区实习。在五个园区里面选了一百多家企业。经过实习和深入的调研,就形成了我们的调研结果。调查的问题、调查的样本、最后的样本分析因而具有很强的代表性。我们应用了因子分析法,并通过了信度/效度的检验,形成五大类公共银因子,分别命名为专业服务、外部环境、基础设施、文化配套和支撑服务。研究发现,最后一个社会需求(支撑服务),也就是企业需求里面最高的需求,其实是不存在的,因为很难形成一个真正有统计学意义上的影响变量。在这个基础上修整以后,形成了四大类影响园区竞争力的因素,一是专业服务,在一百家企业做调研的过程中,认为最重要的是专业服务。二是外部环境,三是基础设施,四是文化配套。其他的各种研究没有把这些影响因素从重要性上给它进行依次排列。

三、研究结论

在上述研究基础上,结合各种各样的现实情况,形成了这样的结论,如果我们去研究一个文化产业园区的竞争力,需要思考这几种类型:第一种,专业性的文化产业园区,即你能够提供很好专业服务;第二,社会型的文化产业园区,即园区周边能够提供社区型服务的园区。在北京有很多这类园区,周边有生活、商业各种配套。第三种,生态型文化产业园区,具体说一是自然生态,二是产业生态。上述类型的园区依次叫不叫升级版我不敢下定义,但是对我们创新园区也好,打造园区也好,至少是参考的方向。

Chapter04
文化创新与产业融合

如何认识和推动创新驱动时代背景下的

文化产业发展

朱 兵❶

我们当前正处在整个国民经济发展结构调整的重要节点上,这个节点既是结构调整的关键枢纽,又是关键动力,那就是创新驱动发展。十八大报告把创新驱动战略上升为国家战略。"十三五"规划又提出"创新、协调、绿色、开放、共享"的发展理念,坚持这一发展理念,是关系我国发展全局的一场深刻变革,这为我国未来发展指明了方向。文化是经济发展的重要组成部分,做大做强文化产业是建设文化强国、发展软实力、弘扬社会主义核心价值观的必然要求,文化与经济,经济与文化,两者有着极为深刻的内在关系。目前衡量创新型国家的主要标准是科技标准。国际上对创新型的国家和一般性的国家是有明确区分的。所谓创新型国家,判断的第一个指标是科学技术在整个国民经济社会发展上的贡献率占多少,发达国家一般是在70%以上,我国到目前公布的大约是60%左右;第二个指标,科研研发经费占GDP的比重是多少,按照国际上普遍的认可,创新型国家的标准应该占GDP的2.5%以上,目前我国是2%,我们国家中长期的计划是到2020年我国科研研发经费占GDP的比重达到2.5%,进入创新型国家。但我认为,除了科技标准外,文化创新也应该成为衡量创新型国家另一个重要标准。从本质上说,文化创新的关键要素是内容创新,但文化科技和文化表现、传播和消费技术的创新也是一个重要因素。因此科技创新和文化创新相互交融,相互促进,在这方面,我们目前还缺乏上下一体的普遍

---

❶朱兵,全国人大科教文卫委员会文化室主任。

共识,尚未形成一个相互交融、有机统筹的体制机制。对于如何认识、理解和推动在创新驱动的时代背景下的文化产业发展,我想从以下三个方面来阐述。

一、应当将文化产业发展切实纳入国家整个创新驱动战略和政策之中

目前无论是文化产业自身,还是国家创新驱动战略和政策的制定、出台和实施,两者之间的关联性比较少。这其中有历史原因,也有体制机制原因,但在今天的时代背景下,文化产业面临的一个挑战就是要主动出击,主动融入,充分运用国家战略和政策。在这方面我们有极大的空间和平台。

2015年3月,中共中央国务院发布《关于深化体制机制改革加快实施创新驱动发展战略的若干意见》,这是一份关于如何实施创新驱动战略的最为重要的文件,非常具体,非常有措施。全文共分9个部分30条,8000多字,包括总体思路和主要目标,营造激励创新的公平竞争环境,建立技术创新市场导向机制,强化金融创新的功能,完善成果转化激励政策,构建更加高效的科研体系,创新培养、用好和吸引人才机制,推动形成深度融合的开放创新局面,加强创新政策统筹协调,提出到2020年,基本形成适应创新驱动发展要求的制度环境和政策法律体系,为进入创新型国家行列提供有力保障。

这份文件在整个科技界、高校科研机构和企业都震动很大,影响深远。但是在整个文化界包括文化产业界,好像触动并不大。这其中一个重要原因就是起草和制定这个文件的基本上是科技界、工业界、经济政策界,没有文化界人士的参与。整个文件只有四处出现“文化”一词,而且只是把文化作为创新驱动的环境附属语来提的,如“营造鼓励创新、宽容失败的创新文化”,具有实质意义的仅在一处提及“改进互联网、金融、环保、医疗卫生、文化、教育等领域的监管,支持和鼓励新业态、新商业模式发展。”

这份文件对有效实施国家创新驱动战略的重要性不言而喻,除了科技界、高校院所、工商企业界外,对我国文化企业、文化产业以及从事文化科技研究人员同样具有十分重要的意义。文件所提出的坚持需求导向、坚持人才为先、坚持遵循规律、坚持全面创新的四个基本原则,包括所提出的一系列具体政策

措施如实行严格的知识产权保护制度、打破制约创新的行业垄断和市场分割、改进新技术新产品新商业模式的准入管理、完善企业为主体的产业技术创新机制、提高普惠性财税政策支持力度、壮大创业投资规模、强化资本市场对技术创新的支持、拓宽技术创新的间接融资渠道、加快下放科技成果使用、处置和收益权、加大对科研工作的绩效激励力度、改革高等学校和科研院所科研评价制度等，都在相当程度上适用于文化科技、文化企业和文化产业发展。

当今时代，文化与科技密不可分，相互推动、相互促进。数字技术、互联网技术、信息通信技术既是科学技术、也是文化技术，这一相互融合的趋势日趋明显。

在文化装备制造业和文化消费终端制造业中，在影视装备、舞台装备、影院装备、印刷装备、游艺娱乐装备、移动互联装备等领域，现代科技成果的开发、转化、利用比比皆是，成效显著。据统计，目前，国内文化装备产业年交易量超过万亿元，占国内文化产业总产值的1/4强，并以年均20%增长。在这些方面，我们文化产业业界包括管理部门应当毫不犹豫地积极主动将文件所制定的卓有成效的具体举措予以适用。

例如，文件明确提出，加快下放科技成果使用、处置和收益权，提高科研人员成果转化收益比例，在利用财政资金设立的高等学校和科研院所中，将职务发明成果转让收益在重要贡献人员、所属单位之间合理分配，对用于奖励科研负责人、骨干技术人员等重要贡献人员和团队的收益比例，可以从现行不低于20%提高到不低于50%。全国人大常委会随即对科技成果转化法进行了修改，2016年全国人大常委会又开展科技成果转化法的执法检查，我之前随检查组去浙江，这一修改对当地科技成果转化起到了显著成效，一些地方甚至把收益比例上调到70%。但从检查情况看，基本没有涉及文化企业、文化科技成果转化及相关科研机构。要有效解决文化与科技融合问题，既需要科技界努力，更需要文化界的努力。

近些年来，已经出现了一些促进两者有机融合的良好势头，在这里举两个例子：一个是全国人大常委会前副委员长路甬祥一直大力推动把创新设计作为创新驱动战略实现的一个重要的平台和手段。科技成果能够切实有效地转化为产品,需要有很多的条件和原因,一个重要举措就是在科研技术转变为产品过程中,要使创新设计成为其中重要的、关键性的环节。

他提出一个理论,从农耕时代以来的设计分三个阶段,农耕时代是设计 1.0 版本,工业制造业所带来的设计称之为设计的 2.0 版本,当今世界进入新的时代,比如说高新技术包括信息技术、互联网的出现,环保理念、人与自然和谐理念、文化创意理念的出现,这些共同构成一个新的环境下的节能、环保、信息技术、大数据和文化的共同支撑下的新的设计理念,叫做创新设计,是设计 3.0 版本,他认为我们现在进入了这样的时代。

前些时候由中国工程院牵头专门成立了中国创新设计联盟,下面成立了一些分会,统筹我国的整个的设计行业。大家知道,以往中国的设计行业更多的是附着于工业设计领域,比如说机械工业协会下的工业设计委员会等。进入改革开放以后设计的领域已经扩大了,不完全是机械工业产品本身的设计,覆盖到很多的领域,比如说艺术设计、环境设计、服装设计、灯具设计、日用产品的设计等,这其中必然包括文化产品、文化消费、文化模式的设计。

今天我们谈到的创新设计是一个总体概念。中国工程院的创新设计联盟研究出台了一个战略报告,向国家提出了相关建议,把创新设计作为推动创新驱动战略的一个重要抓手和平台给予推动。这一建议被正式写入《中国制造2025》,目前正在积极研究出台相关行动计划。设计与文化密不可分,可以说,凡是设计都离不开文化创意,反之,凡文化创意也离不开设计。推动创新设计大发展,从某种意义上就是推动文化产业大发展。

2014 年,国务院从文化产业的角度专门发布了一个重要文件《关于推进文化创意和设计服务与相关产业融合发展的若干意见》,2016 年 4 月,国务院常务会决定深度发掘文化文物单位馆藏资源,推动文化创意产品开发,这些都反映出设计作为一个平台对文化与科技的交融。另一个例子就是"十三五"规划中提出的一个重要概念"数字创意",将其与新一代信息技术、生物、绿色低碳、高端装备与材料一并列为五个"十万亿级"战略性新兴支柱产业,使之成为未来经济发展的主动力。

数字创意也就是以数字技术为核心的内容产业,包括影视、动漫、游戏、数

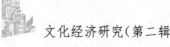

字出版、在线服务等。目前这项研究工作正由中国工程院潘云鹤院长牵头组织团队开展,取得了很大的进展。这两个例子都在表明,在国家政策层面、在科技界,都开始强烈关注到科技与文化的融合,开始采取实际步骤予以推动。在这样的形势下,我们文化产业界包括文化理论界、管理部门更要有紧迫感,要进一步采取积极措施,加强舆论和研究,主动出击,在推动文化与科技融合上发挥更大作用。

二、应当深入开展文化管理体制改革,整合现行管理模式,逐步建立适应文化产业发展的综合统筹管理体制

之所以出现上述现象,一个重要原因就是文化与科技仍处在一个协调沟通不畅的状况,相互割裂、各自为政。要有效解决这一问题,必须深化文化体制改革,理顺管理体制,整合形成统一高效的文化产业促进机制。所谓理顺管理体制有两个方面:一是文化部门自身的体制,二是文化部门与相关部门如科技、信息、财税、金融等的体制。

目前,文化产业涉及不少部门,机构分设,职能交叉重叠,政出多门。管办不分,政企不分,条块分割的传统文化体制的弊端仍然在一定范围内存在,没有从根本上得到扭转。由于不同文化产业分属不同文化主管部门,产业政策制定和国有资产管理又分属计划、经贸、财政等部门。全面建立统一高效的文化市场综合执法机构尚在进行中,尚未完全形成权责明确、行为规范、监督有效、保障有力的执法体制,尚未形成统一开放、竞争有序的文化产品市场和生产要素市场,这些都不同程度地制约了文化产业的发展和法治建设。

这其中,一些问题是短期的,一些问题是长期的,但无论如何,在当今全面推进创新驱动的大背景下,涉及文化产业的政府部门、企业界、包括学术界,都应当齐心合力,采取有效措施,从制度层面、政策层面、机制层面、学术层面推动建立跨界、融合、统筹的管理体制,建立完善文化企业、文化装备制造业和文化消费终端制造业的信息平台,促进和保障文化产业切切实实纳入国家创新驱动战略之中,分享政策红利。

三、加快文化产业促进法的立法进程

创新驱动战略的一个重要内容和保障就是制度创新。制度的最高形式就是法律制度。党中央、全国人大常委会高度重视文化产业促进法的立法工作,纳入本届全国人大常委会立法计划一类项目。全国人大教科文卫委员会柳斌杰主任委员也高度重视这一立法工作,委员会也开展了调研。目前文化部正在牵头负责草案的前期起草工作,组成了专门工作班子,开展了大量工作,取得了显著进展。

应当看到,起草工作有着相当难度,在明确文化产业的概念和范围、建立文化产业统筹管理机制、建立金融财税保障机制、构建文化产业与科技融合机制、建立文化产业社会化发展促进机制、建立人才培养保障机制以及建立统一的文化市场及监管机制等方面,仍有不小的困难和障碍。

正是因为存在种种困难,所以,在此我呼吁大家,充分发挥你们的智慧和能力,献言献策,共同为制定出台一部体现创新驱动战略要求、符合我国文化产业发展需要的好法律贡献自己的力量。

当前我国文化创意产业发展的
新趋势及建议

金元浦❶

当前,我们国家文化创意产业的新理念和新实践主要集中在以下几个方面:

第一,是我国文化创意产业面临的理念和实践的新一轮的升级换代,这个观念可能需要大量的实践理论来证实。中国目前互联网相关的文化创意行业已经成为中国文化产业的高端产业、先导产业、核心产业、领军产业,真正地成为了支柱性的产业,也就是说,过去长期以来谈到的观念,在今天发生了一些重大的变化,到底文化创意产业,它今天发生了什么样的变化?

第二,文化产业的原创比例或者文化创意最重要的核心,在当下中国已经发生了根本性的变革。

第三,以"互联网+"为代表的跨界融合已成为主流趋势,互联网已经全面的改变了我国文化创意产业的格局、文化创意产业的主导方向、文化创意产业现有的实践运行方式。

第四,我国当前的文化创意产业,一个非常重要的推动力和要点就是金融,其中包括上市、并购等一系列的现象。

第五,民营经济或者PPP成为我国文化创意产业中的主体性的力量。

首先,从整体的变革来看,我国文化创意产业在此轮的变革中已经升级或者进入到国家创意经济这样一个新的框架之中。创新驱动经济发展,从文化

---

❶金元浦,中国人民大学文化创意产业研究所所长。

产业进入到文化创意产业,进入到全球的创意经济,已经成为一个重大的变革。从整体发展来看,从速度、力量整体发展来讲,我国文化创意产业已经成为当今全球文化产业中的先进部分,至少已经超过英国、欧洲这样一些国家。

中国文化创意产业进入了新的常态,这个常态产生了中国文创的第一集团。以前因为种种原因,不能够把与互联网密切相关的这部分作为文化创意产业的第一集团。从文创内部来看,中国互联网相关的文化创意行业成为中国文化产业的高端产业、核心产业、领军产业、先导产业,这是真正的支柱产业,过去我们对此的认识,我认为至今还有着传统的分类中留下来的一系列问题。

从我国经济来看,文创产业已经成为我国经济的支柱性产业,尤其是进入到创意经济这个领域之后。从世界经济的发展来看,我国文化经济已经成为全球创意经济的重要引领性力量:一个是在美国之后正在进行着快速的发展;第二是在很大程度上超越了欧洲的一些国家;第三是在发展速度上,由于中国速度带来根本性的转变,因此在创意产业上或者创意经济方面,已经成为各国关注的中心和在某种程度上进入领军的一个层次。

全球互联网创意企业主要还是以美国的苹果、谷歌为首的集团,这才是真正的在版权经济中,在全球占有绝对力量的一个舰队群。曾经做过一个基本的探讨,从市场的市值来看,苹果的7000亿市值,微软的4000亿市值,加上谷歌两只股票7700亿市值,这三家企业加起来就是将近2万亿,美国的总产值是17万亿,加上下面的亚马逊、IBM、Facebook、雅虎、推特、eBay,总产值达到3万亿美元以上或者更多,占美国经济中的比重非常大。因此,从这个意义来讲,对于美国经济的影响也使它领先于世界,使得世界上到目前为止没有任何一个企业或者集团乃至一个国家和他们相比。唯一可以和它有所媲美的是中国的团队,这个团队现在首要的是华为,第二位是万达,第三位是BAT,下面还有联想、360、携程、优酷土豆、新浪、搜狐等。这样一个群体是引领创意产业走向创意经济,而且成为先导产业的最重要的一个准航母舰队群,这是可以和建航空母舰,军事的航空母舰一样重大,甚至比它更重要的一个事件,一个发展的趋势。虽然在整体发展中,中国虽然还是低于或者还不能够与美国的大航母舰队群——文创或者创意经济、版权经济大的集团相媲美，但是我们的发展和欧洲相比已经有了长足的进展。它的特点非常明确，以现代企业的成长模式来看，第一，高速成长性，在互联网思维中唯快不过；第二，原创为本；第三，互联网传播方式；第四，金融的方式，并购、上市、风险融资的发展方式，在当今现代企业运行方式中，靠自己花十几二十几年的时间将企业从无到有建立起来这种方式是不可能真正的获得成功；第五，国际化的跨国发展，中国有一批正在发展中的企业开始成为跨国大型企业。

第二，十大新创的热潮展现了中国文创新创造。十年前在北京和一些专家尤其是英国专家探讨的时候，他们认为中国的原创在这个世界上只占整体原创的2.5%左右，这是一个多么令人可气的一个现实。但是现在发生了很大的变化，当然这个变化是两个方面的。很多年前，中国已经是全球出口文化产品最多的国家，这个在世界银行的报告中，早已经成为事实。但核心的原创力很差，我们是以跟随的方式，美国有什么，我们就会有什么，我们跟着他学习，就是这样一种跟随战略或者学习战略，因而某些人会说我们是抄过来的产业。但是今天我们可以看到，在新的历史时期，我们有了一系列新的创造，比如视频直播、网红经济、中国IP与泛娱乐、二次元、VR、AR、MR、中国特色的网剧与网络大电影、中国微信公众号、手机栏目以及微信的群组运营方式、文化众筹、文化金融、电子金融、艺术金融、网络虚拟园区、微客模式、猪八戒网的方式，还有大量的这类平台的方式，还有像广东的微电网云销售模式，创造了虚拟的网络园区，虚拟的文化创意产业的聚集区；跨境电商与马云正在进行的eWTP世界电子贸易平台；国际文化投资走出去、电子商务去国际文创投资，现在也是非常热门。从这个角度来讲，这十大往往显示出了新创。

第三，以"互联网+"为代表的跨界融合成为主流的模式，科技与文化的结合、文化与经济的结合、传统产业与高科技的结合、跨接行业的融合、跨越所有制的融合、跨越部门的融合成为目前发展的基本态势。这是由"互联网+"这个基本的总体策略完成的。关于如何确定文化创意产业到底是什么，它就是一个引擎，对七大产业都起了推动的作用，所以对于文化创意产业的认识，走向创意经济的认识和自身的确定，已经发生了一个非常重大的变化，它可以和我们的重工业、可以和我们的轻工业、和我们的消费品业和信息业、房地产业以及其他包括旅游、体育产业、农业相结合。

第四，金融变革。这有着非常重要的意义，因为这决定了我国文化产业运行的方式，真正地进入了创意经济的世界性的潮流。

第五，在整体发展中，从华为到BAT、到万达以及联想在内的这些民营企业PPP成为我国文化创意产业的主体性力量。

最后，提一点建议。文化创意产业现在应该进一步的受到国家更多的关注，习近平同志关注深改小组的研究与决策认识，从全球的角度来看，我国的文化创意产业应当在国务院成立相关创意经济的一个总体协调机构，同理部署和协调全国。而现在我们现有的部门各个部分是分散经营、分散管理，各个部门相互扯皮，这种问题是极其复杂多样，需要有同理的方式来解决这样重大的产业未来发展的目标问题、操作问题、运行问题和管理问题。

"互联网+"为文创带来了什么

李凤亮❶

　　跨界融合发展往往是做加法,如何做加法,我认为有三个问题。第一,现在都在热议互联网、"互联网+"概念,我认为到了今天真正的互联网时代才到来。李克强总理 2015 年在两会上的一句话把"互联网+"推到了很高的位置。另外一个"创客"也是一个提及度很高的词。我们看到互联网经过不同阶段发展,从过去在最早局域网时代到后来所谓 3W 时代,到今天真正不用线的互联技术的发展,ICD 技术发展,真正让我们生活互联起来。深圳的互联网公司腾讯,它提出的概念非常好,现在新战略定位叫作连接一切,人和人、人和物、人和世界、人和未来,在这样一个时代我们看到整个文化产品和产业形态,从过去点点传递到规模复制真正进入了今天跨界扩散的社会。前段时间我在人民日报上发表关于"在互联网条件下数字化技术成为我们文化创意发展最根本的动力"的一篇文章。"互联网+"有人比较赞同,腾讯就是连接一切,也有其他经济学家认为互联网泡沫经济过于虚拟化,包括对比特币的质疑,2015 年以来清理一大批互联网金融跑路公司。

　　有人认为互联网是跨界、共享、盘活传统资源,是连接一切的。有人则认为传统产业链竞争力在于管理好拥有的资源,而未来 ICD 生态优势在于管理好你不拥有的资源,传统生态链价值链的进步是零和游戏,势不两立,我赢你输。现在的时代大家是共享共赢。

　　互联网给我们带来的改变,我总结五个方面。一是跨设计的生产。现在把它放在网上,全球公司都可以实现这个目标,跨时间跨地域。二是跨时空的传

❶李凤亮,南方科技大学党委副书记,深圳大学文化产业研究院院长。

播，今天网民数量非常庞大，消费量也很惊人。包括热点事件跨时空的传播，比如说王宝强离婚事件的快速发酵，文字跨时空的传播，例如大家对微信很反感，见面还要扫码不好，但是微信改变了我们生活，这是不可否认的，过去从来不联系的同学联系上了，而且微信最关键的是一个派选的过程，这种心灵鸡汤也好，信息传递也好，这个派选是一个新机制，很多人派选你阅读的东西，这是受众进行派选的过程，展览跨时空的传播，比如我们说故宫的《石渠宝笈》在故宫展览完，结束第二天雅藏《石渠宝笈》在线展览就会上线，这样的展览大家知道给我们传统展览带来很大变化。因为你在故宫里面看只能看到瓷瓶一个面180度，但是在雅昌艺术网？线上你可以看到360度的，包括底下的题款，以及瓷瓶内部的结构，艺术的跨时空传播，刚才我们讲胶片电影放映时代结束以后，因为数字化，互联网的传播，美国电影经过授权以后，我们今天有一个产业有一个叫作"跑片"的行业没了。数字敦煌2016年上半年上线了，敦煌一天限六千人流量，这样一来对于很多不太了解古建筑或者壁画的人来讲，在线传播，在敦煌室内看一下敦煌体验中心就满足了他们的需求。三是跨媒介的消费。这里面我讲三个：第一个是在线营销。在线视频也好，包括我们讲的直播经济非常大，是一种互动型消费。包括弹幕和朋友圈都是一种互动经济，我发了一个状态或者转发一篇文章以后会不断地去看谁在后面跟帖、点赞了，这都是一种互动。如果新闻看不上，我可以看重播，形成一种重播经济，包括形成我们消费方式的变化，确实是碎片化阅读。微信上短视频那么多，没有形成经济现象，但是形成了一种文化消费的现象。四是跨界型业态，这里主要讲五重跨界。内部跨部门、跨要素、对外跨地域、跨行业的融合。我认为表面做的是加法，实际上做的是减法，即减去它的边界、壁垒、同质化，这是我们在这个板块探讨跨界融合、产业协作的意义。实际边界融合以后会产生很多新的公司，腾讯变成两万亿港币市值公司，很多人帮助腾讯赚钱，腾讯每年可以孵化几十个上亿级公司。苹果也是这样，催生了很多的新兴业态。网红经济、直播经济由跨界催生的，包括今天谈到的腾讯不仅仅是互联网公司，还有内容经济、内容产业，有电商有银行有旅游有电影，产生很多跨界经济。五是跨领域的投资，互联网提升了我们资本的嗅觉，比如说众筹，我有个同学要通过众筹出一

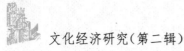

本书，众筹目的是让大家读这本书。另外是电影投资分众多元化。我们怎么评价互联网金融，对这个争议很大，我觉得不能因噎废食，而是应该顺应趋势加强监管。像互联网金融协会首任会长讲，互联网金融作为新生事物要支持它的发展。这个东西我们一放就乱，一收就死，我们需要好好考虑怎么规避这样的现象。把握管控的尺度问题。

互联网+经济、互联网+文创到底实质是什么？我认为是在共享经济浪潮当中应该提升我们的文创实力。我认为互联网+的核心就是共享，带来了文化产业的提升。我称之为互联网文化创意产业的五化趋势，我首推信息化，跟信息化相关的就是数字业态，我们从分散经济到共享经济的时代。我们在这种共享经济当中创新创意生态实际上发生了很大的变化。像乐视这样的生态通过互联网+的手段以后，已经变成以用户为中心的垂直整合，是开放的闭环。也有反面的例子，比如说苹果，苹果为什么在中国市场上手机销量从第三掉到第五，因为它是相对封闭的闭环结构不开放，这是苹果的一个问题。第二是产生泛娱乐的生态，像腾讯的互动娱乐是很大的部分，腾讯赚钱最多的部分是娱乐部门。另外在共享经济当中，我们要培植新的创意阶层，这个新的创意阶层强调个性化、精英化、多样性、包容性，也就是佛罗里达讲的三T，它的主体是90后、95后甚至是00后。

"创新 融合 协同"——文化产业的发展之道

阿不力克木·阿不力米提[1]

非常荣幸能够站在这里分享乐视在这12年当中,尤其是在过去三到四年当中,快速发展的心得体会,和下一步我们认为乐视模式所引发的一些启示:对于创新的启示、转变增长方式的启示、突破口到底在哪里的启示、互联网到底能发挥什么作用的启示、文化创意产业还有怎样的意想不到的突破创新方面的启示。

2014年乐视在各个方面都经历了发展以来的第一个巨大的挑战,但从2015年,乐视以令人震惊的速度飞速发展壮大。2015年底,乐视总收入突破200亿,会员超过2000万。2016年乐视提出翻倍计划,总收入翻2~3倍,达到500、600乃至700亿;会员、付费用户突破2.5倍,达到5000万。而乐视2016翻倍计划是在整体经济发展速度放缓,乐视其他产业增长乏力乃至停滞的状况下去推动实现的。截至八月份,乐视翻倍计划的实现并不困难。结合乐视企业实践与发展,"创新融合协同"是其发展之道。

创新驱动在G20峰会当中,习近平总书记提出了转变增长方式,寻找真正的创新的新动力,完成新旧模式转换的问题。这个问题要自上而下,国家与企业间要深度配合。不仅需要国家自身推进,还要自下而上,鼓励企业先行先试,探索出政府不可能探索出的不同道路,证明自身能力。

在创新体系中,技术创新(科技创新)主导了过去一百多年的发展,工程师、科学家和学院的创新节奏和速度决定了整个产业和商业的发展速度。互联网时代来临后,依靠互联网技术,他们改变规则、摧毁规则,重构一种新型的

---

[1] 阿不力克木·阿不力米提,乐视控股战略规划与管理部副总裁。

生产生活关系和用户关系,并在重构规则中催生了大量的互联网的模式创新,但这两方面的创新已显疲态,全球经济的增长低于3%,甚至2%,中国的经济增长速度已经到了6%~8%的水平。此时需要有一个突破式的创新手段,来推动经济活力的重塑,实现曾经的辉煌。对于乐视而言,就是要跨界和突破。因此真正的潜力就在边界中,真正的潜力就在边界与边界之间的对话和融合过程中。协同是外部之间的合作,融合是更深层面上的协同,这能够创造出一种全新的产品,全新的服务,全新的物种,全新的体验,使各方愿意买单,产业愿意投资,资本愿意预期,自然能够为经济注入新的活力并推动相关政策的出台,为其铺好道路,释放其魅力。

而从文化产业角度看待这种生态型的创新主要可以分为三个方面:

一、重构价值

重构价值分为三个方面,在互联网技术作为基础平台和基础设施的背景下,首先重构的是产业链之间的关系,真正实现产业链的垂直整合。产业链的垂直整合由来已久,十七世纪便出现公司之间上中下游之间的产销、购置、交易,但这种并非垂直整合,而是交易行为,每一段都要寻求自己的利润,每一段都要寻求自己的企业价值最大化,由于无人投资造成了无人在乎完整的创新、考虑跨价值链之间的创新潜力谁来释放的问题,而这种问题在专业分工条件下是不可能发生有关跨产业的价值链重构。垂直整合的苹果,联盟就此破裂。原因在于苹果实现了硬件软件一体化的交付,创造出了一种全新的体验,从而摧毁了PC时代,成就了一个全世界品牌价值第一的公司。所以,真正价值链的垂直整合意味着一种想象不到的威力,这种创新释放也是想象不到的潜力。在文化产业当中大概有这么几个点:

第一,产业链在互联网技术平台上的垂直整合。

如果产业链在互联网技术平台上实现垂直整合就会彻底改变内容的生产、制作、发行、落地和运营的整个链条,会催生出全新的文化产品。这就是IP主导、会员为本、线上线下联合发行的全新的商业模式,而这样的商业模式对产业链的上游如何生产制造内容提出了全新的要求。即导演和演员失去了对内容的决定权,而是要根据源生用户每天的数据行为,分析其消费习惯、偏好来决定内容,形成剧本与IP,最终实现源生用户价值的获取,这就颠覆了传统的商业模式。在专业分工下创新的潜力挖掘停止后,就需要互联网的介入将各个环节完全打通,打通的核心就是会员,用户的运营。

第二,有关跨产业的价值链重构。

价值链垂直整合依托于互联网技术平台、云平台发行,不再受限于物理上的限制,催生了全屏发行的商业模式,可以在电视、电脑、手机、iPad、汽车任何地方发行。同时也提供了全新的体验,是无数平行直播流,由用户选择观看哪一个,三到五种解说,你来选择听哪种。一场演唱会,两万人听,于场馆而言,其收益是365天的利润率水平,但于乐视而言,其背后可能有200万人,每人付费15元也能观看,此时乐视的收益便远远高于传统营利模式。依靠互联网技术催生出全新的内容分发、消费与体验的方式,创造出新的收益模式,但文化产业领域尚未完整地认识到互联网技术产生的威力,更多的专业分工将其放在附属地位,当作工具,当作手段,而不是作为自己创新的源泉和起点。此外万达所做出的创新在进入网络后,整个运作模式也发生了巨大的变化,同样面积,同样一个地理区段,创造的价值超过了原来所定义的价值边界。

跨产业价值链重构在全球都还是非常新鲜的课题,不同的产业之间能催生出怎样的全新的局面,从乐视的发展便能窥得一二。

首先,令人意外的是,乐视这样一家由文化产业发家的企业正在全力推进汽车产业,浙江签署协议落地第一个40万产能的超级工厂,美国的工厂已经破土动工半年。跨产业的价值链重构意味着看似无关的几大产业在互联网和技术平台的支撑下,将相融相通,汽车环境将会变成非常非常重要的文化、娱乐、影视、服务和生活的重要的端口和入口,而这一点没有太多的企业在真正的从实质上进行实践。手机显然正在实践,电视已经实践完毕,已经完成的事情是很容易预测的,还没发生的事情要敢于先行先试,这件事情需要一定的魄力,甚至很可能会栽在半路,但是一定要探索跨产业的创新边界到底在哪里。

其次,乐视打破了以往影片在院线发行的模式,提出了全新的硬件发行,用户家里,口袋里,开的车里面就是发行平台,没有一个规则告诉大家必须通过高昂的票价才能消费内容，可以通过任何你能接受的屏幕都能消费内容，这就是跨终端产业和内容产业的创新。而更深层面的则是人工智能，一年半以后乐视人工智能的生态手机将面市，靠人工智能的方式，让用户不再搜索，不再评价，让用户自动搜索，精准推荐，这些都是靠技术驱动的，也是不同的科技产业、文化产业、互联网产业等不搭边儿的几个产业之间互相融合，产生的全新体验，可以促成消费端的活力，供应端也因此能够生产和制造出更多的产品供大家所使用。

最后，价值的迁移。内容在以往的中国是难以收费的，只有线下能够实现对内容的收费。场馆里百元的票价，几百元的演唱会，几千元的体育赛事直播。但这些内容一旦进入网络便实现了免费。乐视一开始就推进了付费，真正的价值是内容，文化创意产品的创造者应该被尊重，因为他们创造的才是真正的价值。而如今不愿为内容付费的价值格局是扭曲的，是不利于产业发展的。为解决这种困局一定要通过体验创新，通过改变用户获得和体验内容的方式，来实现内容的价值。

2015年9月19日，乐米电商节，只能买会员，490元/年的会员，赠送490元硬件券，让内容的价值真正被用户认可，消费、体验、增长，通过这种方式促使整个产业的上游源源不断贡献内容，推动产业的良性发展。改变单一的广告营利模式，要依靠企业来探索，去推动，去突破。

二、价值共享

价值共享的实现为企业带来了极大的挑战，第一个挑战就是利益分配，各方都想获取利润，使得大家愿意开放，寻找跨界和创新。政府发行的"政策十五条"便是致力于促成产业之间合作伙伴的协同和融合，构造一个物理上的环境和商业上的环境，促使各方于更深层次的融合。我将自身的互联网技术平台直接免费分享给整个产业，你就不必投资，可以在平台做更广泛的内容分发，最终将获取收益再回报给我。2015年8月18日，乐视就宣布了这样一个商业模式，把这个作为基础设施分享出来，希望更多的企业愿意分享自己已经投资了千万美金乃至几十亿资本的新的技术平台，不要让中小机构因为无力投资而死在半路。

其次,价值分享就是内容。几周前乐视宣布以后不做版权贸易,转换为"保底+分成"模式,以后用户付费购买、衍生品销售,都可以进行分成,这样每一个内容和创意的生产者都可以直接享受用户持续消费内容周边收益的回报,这是真正的价值分享。不能以高价买来,以更高价卖掉,依靠他人打工来赚取资本价值是不公平的。这样的价值分享要依靠互联网平台才能实现。

三、全球化

近年来,中国提出文化创意的全球化,文化走出去战略才刚刚起步。但是对于全球化的美国来讲,内容的全球化是生而有之的事情。中国如何完成全球化,主要有两个方面思考:

第一,必须将全球顶级的内容产业链进行整合,而不是依托中国的全价值链完成。在内容上的制作能力上,好莱坞水平全球顶尖,但是从文化底蕴和创新真正的文化元素的来源上看,中国远胜于其他的西方国家。互联网平台,我国有7亿网民,其中90%以上都是移动网民。此外中国还拥有最蓬勃发展的院线体系,即将变成全球第一大市场。因此一定要将这些资源整合在一起,才能制造出全球影响力的文化产品。乐视推了G2战略,《长城》这部巨制于2016年12月底上映,此后还有13个这样的合作,这是真正将中国文化元素的特长和好莱坞的制作能力,和全球的互联网发行能力结合来进行全新的内容创造。这种创造就不叫文化"走出去",而是直接从空中俯视地球。全球发行,也不需要让好莱坞来拍《功夫熊猫》,中国可以拍出更有中国元素同时还有全球价值取向的影视作品出来,我国需要创造性解决这个问题。

第二,内容的发行,内容发行最怕走空中,不落地。文化是有地域边界的,如何突破地域边界问题,乐视找到了一种全新的道路。2016年1月乐视生态落地印度,9月12日,乐视生态落地俄罗斯,10月份美国就召开发布会,乐视生态的全产品、全业务落地美国,2017年乐视就要挥剑进入西欧。这样的一个企业在一年半时间里进入全球的区域,正是因为有一个全新的道路,智能终端全球通行,云平台全球布局,搭载这两个平台进行内容和文化产品的输出,就不再

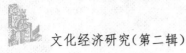

是问题。而这样的布局就需要在非常短的时间里面建筑全球的平台覆盖能力，才能将价值释放出来，才能在跨文化下完成输出。这个输出是双向的，多向的，中国输出到海外，海外输出到别的海外，形成这样的结构后，每一个投资者都能获得回报。所以，这实际是文化创意真正的"创新融合协同"当中全新的蓝海市场，要用全新的下一代技术方案来解决。

创新由技术推动，模式推动，还有跨界推动，叫生态创新，有三个特征：一是重构价值，二是共享价值，三是全球化。乐视能否在5到10年内证明这就是最佳，最先进，最前沿的，我们不得而知，但至少在这几年超级电视，超级手机以及正在布局的超级汽车，乐视体育，金融等产品当中，可以看到一种全新的、不走延长线的创新之路。真正的创新、融合、协同是无处不在，但必须要我们去尝试、探索和实践。

文化创新引领产业融合是高层次的创新

王雪野[1]

　　文化创新是文化要素与经济社会各领域更广泛更深程度更高层次的融合创新,它能够推动业态裂变实现结构优化,提升产业发展内涵生命力。从理念内涵发展路径看文化创新主要体现三个特征。一是从老思维向新思维的转变。创新其实就是一种文化。所以要用大思维大融合思维、艺术化思维、重用户思维谋求产业发展。文化创新不仅仅是基础建设、资本投入和先进技术,还要加上必要的软件思维才能适应高层次融合创新需求。二是从小文化向大文化的拓展,从文化产业视角看,文化正在走出传统的文化艺术、新闻出版、创作的小文化迈向国民经济的大文化。文化创意的先导作用逐步强化,文化创新不能与文化自身的科技谋发展,要统筹文化产业发展跟整个国民经济发展关系,从而实现文化经济一体化。三是从浅融合向深融合推进。有些专家发表文章指出产业融合发展为三个阶段,初级阶段表现为产业间的单向融合,中级阶段表现两个产业链和价值节点产业相关要素对象的双向融合,高端阶段表现为两个产业无边界一体化的状态。文化创新加大资源挖掘要素整合产业耦合力度,在各种业态之间架起桥梁,实现文化产业由初级阶段表层融合向高级阶段深层融合的过程。

　　文化创新为产业发展助力。跨界融合成为产业发展的新常态,除了经济全球化和高科技迅猛发展的外部因素外,文化所具有的强大经济力量是新常态下文化创新的内在动力。文化作用于产业发展主要有四个方面,一是强化精神动力,引领产业发展,二是增加文化含量,优化产业结构,三是激发创新创意

---

[1]王雪野,中国传媒大学商学院院长,教授。

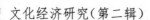

增强产业活力,四是激活消费潜能、扩展产业消费。

文化创新促进产业融合趋势大体上有三种。首先是跨要素融合,跨要素融合是文化产业对内容和,就是以文化、科技、信息、创意、资本、市场、人才、品牌为代表的产业要素,通过积聚创新形成的融合发展模式。以文化+科技、文化+金融、文化+创意模式为代表的融合模式已经在产业层面得到广泛应用。二是跨行业融合,跨行业融合是文化产业的对外发展。通过行业间功能互补链条延伸,文化内容和创意设计向三、四产业渗透,行业之间共生相扶。隔行如隔山的行业壁垒逐步消解,比如说文化+制造,文化+旅游等。三是跨平台融合,它是文化产业的空间重塑,随着行业信息化水平越来越高,文化产业不在限定狭隘的空间,展开多领域跨平台融合创新,文化+互联网就是代表。

有效举措大力推进文化创新,谋划和推动文化创新是促进文化产业快速发展的重要举措,也是一项系统工程,必须强化保障措施抢占产业融合发展的重点。在研究层面上,文化产业的发展我们应该着重从经济学、管理学的视角去看,而不是原来文化学,这点到了必须重视的时候。而且现在我们不管是看哪个产业,其实我们都能看到文化的影子,而这种文化的元素和文化的影子已经成为各个产业持续发展的内涵升力,这种升力最终形成市场优势的推动力。例如iPhone7的广告,发布会讲到摄像头的时候,我们发现大屏幕放的PPT,每一张图像极具文化美感,全是摄像功能。西二环到复兴门那个地方有一个大的苹果广告,它只有很小一行字"此相片用于iPhone拍摄",那张图看不到任何品牌和iPhone的影子,而是通过文化美感震撼你的心灵。因此我们今天谈文化和文化产业的时候,其实文化产业已经成了一种没有边界的产业,我们从它非常狭窄的定义来讲,就是影视、广告这些方面,而它的产值又有多少?其实你和任何一家电信运营商、石油巨头、机械制造业、进出口架构业、贸易和任何一个产业产值都不可比,甚至可以忽略不计,但是从大视野来看文化几乎是全产业的一种缩影,所以我们今天必须把文化当成一种元素一种生产力对待,这样文化产业探讨文化产业价值和市场实现才有意义,否则我们就被经济发展的范围局限住了。

网络文化产业——创新驱动发展

赵　治[1]

今天我们会议的主题"创新融合协同",实际上是网络文化产业的本质特色。首先这是创新非常活跃的领域。从全球的范围来看,互联网产业应该说是创新最活跃的一个领域,至少是之一。文化创意产业的创新也非常活跃,甚至说创新就是它的本质,这两个产业叠加,产生的网络文化产业,创新更是它的本质。

第一个特点,创新。创新体现在以下几个方面:

第一,驱动技术的创新。它自身未必会产生新的技术,但是它会驱动技术的创新。像马克思说的,"市场一旦有需求,比十所大学更能推动技术的进步。"文化是一个巨大的市场,所以它会推动很多新的技术在这个领域里的应用。最简单的例子就是VR,它到现在仍然不是一个成熟的技术,但是不妨碍市场对它的期待,这种期待的本身推动大量的资金、人才投入到这个领域里面来。现在已经有很多投入到商用实践了,但是还不是特别成熟,VR只是新技术之一,前面几位老师讲到的,像机器人、人工智能,一大波新技术正在路上。

第二,文娱形式的创新。在2015年,直播还是比较小众的领域,历史很久,但是在移动端进行这样大范围的直播,2016年是井喷式的发展,给大家带来了新的体验。

第三,生产方式的创新。以前消费者和生产者是截然分开的,消费者很难参与到创作过程当中去,现在是在往深度融合的方向发展。我们看这个金字塔的结构,大量的用户还是在做内容的消费,但是很多人已经参与到分享层面

---

❶赵治,腾讯研究院高级研究员,法律研究中心副主任。

了。还有一部分人已经是跟主创在进行互动，甚至有些人已经参与到内容的创作当中，而且是深度地参与进去，这个也是非常有里程碑意义的东西。

用户深度参与到内容的生产带来了两个好处，一个是生产的精准化，马克思说过，"商品到货币是惊险的一跃"，但是现在用户在它仅仅是一个"idea"的时候，就参与到生产过程当中去了，会使得生产特别精准，商业风险也降低了很多。最典型的例子是有这样一部影片，通过分析大家的爱好，某个男演员拍哪种类型的片最受欢迎，因为大数据就是猜你喜欢，他猜得很准，因而这个片子非常受欢迎。另外一个就是消费的个性化，刚才我们讲天天快报，今日头条也是猜你喜欢，每天给你推送你最喜欢的东西。

第四，投融资模式的创新。比如说众筹，比如说古典家具，十个就起做，十个以上他就开始盈利了，保证他不亏本，前面参与的十个人还能参与后面的分红，这就是非常好的投融资模式。任何产业的发展离不开资本市场的支持，19世纪的时候，整个华尔街都在围绕铁路公司在转，后来是能源公司、制造公司，到70世纪的时候，基本上是围绕互联网公司，任何一个产业想发展起来，必须要有足够的资本的支持，这种新的模式实际上是创新的融资渠道。一个电影本质上可能就是一个金融产品，像《大圣归来》非常成功，也印证了这个模式的可行。

第二个特点，跨界融合。比如说直播，继续拿直播当例子，直播本身是狂欢式的东西，像这种模式在互联网时代生生死死特别正常，火两年就销声匿迹了，但是只要跟其他的传统行业有深度的结合，那么就会持续地展现它的商业价值。比如说直播跟电商的结合，和演艺的结合，和游戏的结合。直播+游戏，是一个特别大的市场，2015年基本上突破10亿了，实际上这至少是百亿的潜在市场。直播+电商，也是一个非常有意思的领域，这里面有很多值得深度商业探索的地方。

第三个特点，协同效应。比如说这里面起核心枢纽作用的，可能就是这些明星IP。IP是什么？跟英文原意不太一样，基本上可以理解为知名的人也好，或者是一部作品也好，或者是一个人物形象也好的东西，具备跨界的潜质，有一大堆的粉丝。所以你可以看到，比如说张纪中拍片，主要是拍经典的片，保证了基本的收视率,至少可以保证这个片不会大亏,这是商业上保证盈利很重要的一点。IP还有一个好处,可以很容易地进行迁移,比如说腾讯拍电影,并不是孤立地做电影,而是把自己原有的IP拿来拍电影,还有原有的阅文集团的IP拿来做电影。现在网络文学基本上是不挣钱的,但是并不妨碍这个产业的繁荣。因为只要产生一些明星IP以后,可以在后面的产业上收费,比如说改编成游戏,改编成影视剧,可以在这里得到足够的回报。前面因为盗版,或者是收不上钱来,免费培养了一大堆的粉丝,它能够继续发展是离不开IP的,否则单靠他自己是不行的。

还有一个协同的例子就是游戏+竞技。以前游戏,尤其是网络游戏,给用户的印象不好,影响小孩的身心发展。而现在的情况与从此大不相同,尤其是将来游戏电子竞技产业的发展,会从根本上扭转我们的刻板印象,除此之外它也是一个巨大的产业。还有动漫+衍生品,现在像日本这种传统的动漫大国,他们这一方面做得特别好,我们现在还是在起步的阶段。

网络文化产业还有一个特点,受法律的影响比较大,我们举一个美国的例子,这个人是爱迪生,爱迪生跟好莱坞有什么关系呢?爱迪生是地道的好莱坞人,因为当时爱迪生有很多发明,要想进入电影行业,需要给爱迪生交很多专利费,至少要经过他的同意,这就导致很多电影人迫于无奈只得跑到美国的西部或是美墨边境,一旦出现了版权问题,他们方便逃脱法律的制裁。今天美国的法律环境好很多了,多次修改《版权法》,延长了版权的保护期限。现在像VR技术也会带来很多版权的问题,直播也是,上半年几个部委花了很大力气整治直播,既有他律,也有自律,发挥社会协同共治的作用,效果很好。

这个产业的发展是期待产业政策创新的。首先,需要一个更优质的公共服务,更好的产业政策环境。这一点我没有答案,提出这些问题跟大家共同探讨,希望大家关注这个问题。公共服务这方面,尤其是要关注中小企业,初创企业的需求,小微企业的需求,因为这些企业是创新活力的源泉,他们在创新的领域里是最创新,最活跃的一部分,关注他们的存在,对于整个产业,对于整个生态环境都很有意义。另外,我们国家出台的很多产业政策非常好,而好的政策需要好的落地。

其次,需要监管的创新。很重要的一点是降低准入门槛,更加强调事中、事后的监管,初期的时候肯定会有蛮生阶段,随着市场竞争的加剧,随着监管跟上步伐,市场主体的数量会减少,但是竞争的质量会提高,企业的质量也会提高,这是一个很自然的状态。一开始的时候,监管不能一下管得太过,需要观察一段时间,需要包容,但是监管确实有利于加速这个行业的净化,尤其是避免劣币驱逐良币这种情况的出现,让真正优秀的企业脱颖而出。

再次,加大知识产权的保护力度。刚才我们讲到IP,IP是一个很重要的东西,如果IP没有得到良好的保护,会对整个产业环境造成毁灭性的打击。另外,我们的网民、消费者大家更希望看到高品质的,正版的东西,既是产业的需求,又是消费者的需求,这一点像我们刚刚讲的网络文学,如果加大保护的话,会发展得更好。像网络音乐也是这样,而且网络音乐的到来是全球普遍遇到的问题。外国有很多这样的探索,比如说从技术层面,法律层面,从社会协同共治的层面,都有很多手段,我们可以做这些方面深入的研究和探索。

融合创新促进文化消费与
文化创意产业的发展

张京成[1]

　　文化消费和文化创意产业相辅相成,国家给予北京市的定位是全国的政治中心、文化中心、国际交往中心和科技创新中心。科技创新中心是这次国家的一个新定位,实际上这里面也是两个方面,一个文化中心和科技创新中心都是体现了文化创新和产业融合以及和文化要素的融合的关系。文化创新必须需要技术的支撑,所以北京市在这方面有得天独厚的优势,不管从国家的宏观政策定位还是从我们自己本身的特色都是有这样的独特的优势。在北京文化与科技的融合,文化与金融的融合,以及文化创意和传统产业融合,进行跨界渗透创新,会产生文化新的业态,从文化新业态促进创业产业发展,繁荣发展文化创意产业促进广泛的文化消费。消费增加反过来刺激了产业发展,形成良性的循环互相促进的关系。文化创意产业经过一段时期能量的积聚现在开始显现出了一个外溢的效应,它继续主动向外扩张覆盖并积极接纳外来渗透和植入。跨界融合在多领域多层次展现。从"十二五"国家针对促进文化产业发展了很多的政策,在2012年文化部搞了一个叫文化产业的倍增计划,实际上最后也没有完成。这可以归结为是体制问题,文化部如果不跟相关的管理部门合作,不太可能完成。现在融合态势除了产业本身融合,实际上从政府层面也是进行了联席会议各方面融合发展。

　　我先从传统的文化与科技、文化与金融的融合讲起。文化与科技的融合是

---

❶张京成,中国创意产业研究中心主任,北京市科学技术情报研究所研究员。

以创作、创造、创新作为根本手段，文化创意产业是科技应用最广泛、科技创新最活跃的，这是文化与科技融合的一个基础。文化科技融合的重点应该是文化产业关键技术的研发推广和应用，以及文化科技创新体系建设和创新型人才的培养。从文化与金融融合来讲应该说现在金融对文化产业表现出更多的积极支持和参与的姿态，从政策方面文化部发布了一些关于深入推进文化金融合作的意见，从实际的操作层面更多的投资者、更多的资金也大量涌入了文化产业这个领域，现在来说在文化产业领域里面应该说不缺钱的，特别是像那种很多的地产商，例如王健林的万达由房地产的企业转向文化企业。从资本层面也是这样，文化与金融融合，体现金融资本、社会资本文化资源结合，既是文化产业的发展需求，也是北京市建成文化大都市的一个必然要求。

接着从要素的融合来讲就是文化和相关产业融合方面，以几个国务院发布的关于推动文化创意设计服务与相关产业融合若干意见政策为出发点做很多融合方面的推动。重点在创意设计、装备制造、消费品工业、建筑、旅游、文化、体育、特色农业发展为主。特色小镇的建设，这个其实也是属于文化创意和相关产业融合的一个重要的方面，特色小镇、美丽乡村现在提得非常热。从浙江开始推出一些特色小镇建设，现在好像真正做得特别好的小镇并不是很多，浙江那边做得好，其他地方做得不是很好。诗歌小镇短期内可能不会有太大的效益。

从文化产业和城市发展上来讲，文化产业开始在主要城市中产生发展壮大，具有政治、经济、社会、文化、意识形态多重属性，不同于纯粹经济学上产业发展规律，它有它自己的特殊性。特别是文化软实力的效应推动文化产业与城市文脉跨时空的结合。通过与时俱进创意生产活动能够给城市留下新时代的文化印记，连通一个城市的过去、现在与未来。所以文化产业一定是和城市发展相适应的。我们经常会说文化创意城市或者叫创意城市，我一直做这方面的研究并出版了一套创意城市的白皮书，现在有很多城市加入进来，这体现了城市的发展和文化创意发展是紧密联系在一起的。

近两年来我们说国家的经济发展进入了新常态，经济新常态意味着大众消费也必然进入一个新的阶段，这是文化消费是新常态下消费的特点。原来我们经济新常态原来模仿式消费阶段结束,现在进入个性化、多样化消费的主流。国家统计局的数据显示,近几年我国居民文化消费逐年增长,文化消费在消费支出比重整体呈逐年提升的趋势,绝对水平与发达国家相比比较低,现在不到10%。所以我们文化消费具有很大增长的潜力。

从文化消费方面我大概讲三点,一是明确文化消费的政策目标,坚持鼓励文化消费的原则。文化消费的范围与深度决定文化创意产业发展的程度,代表一个地区文化发展的水平。根据北京市当前文化消费的实际,坚持要把消费需求作为基本的立足点和发展主要驱动力,强化对文化消费的政策扶持和经济杠杆的强度,保持文化消费持续快速增长,促进文化消费结构升级,作为推动文化创意产业可持续发展,实现区域文化消费快速增长的一个目标。

二是要培育多元的文化消费主体,优化文化消费的市场环境。像北京市各类的文化消费设施在不断地健全,民众的文化消费经济基础逐渐地增强,文化产业和市场化促使文化产品和服务更加丰富,文化消费实现从计划性供给,到真正人民自主性和选择权的转变,这是北京市的实际情况,在国内其他各大城市也类似。

三是加大文化产品的服务供给,文化产品和服务供给促进文化消费结构的升级。立足不同区域主导产业特色,通过支持文化设施运营单位与文化创作服务机构开展多种形式的合作,打造具有特色原创文化精品,给消费者提供更多更好文化消费服务选择。政府通过购买服务文化消费的补贴等这种途径,引导支持文化创意产业提供更加丰富优质的文化产品,开展适应消费者购买能力业务。根据需求层次向上发展的规律,通过政府购买、政府委托或者是委托社会组织推介文化精品等方式,拓宽文化消费领域,扩展文化消费链条,不断推动运营消费升级,以消费升级带动文化产业提质增效。

文化产业融合发展的路径、机制

张振鹏❶

济南大学商学院在2016年7月份承办了山东第六届文化产业博览会的主题论坛，这次论坛的主题是讨论文化产业无形资产评估和文化产业发展的问题。在此次论坛成立了两个研究机构，一个是山东省文化资产评估研究中心，另一个是山东文化艺术金融研究中心。研究文化资产评估问题的时候，会发现文化资产有界定和评估的困难，其主要原因是在于文化产业本身有融合发展的趋势。

一、文化产业融合发展的路径、机制

产业融合的概念出现在20世纪80年代，最先出现于电信行业，由于数字技术在电信行业当中的广泛应用，导致电信产业出现了融合发展的趋势。到90年代数字技术，包括家用电脑，互联网技术的应用出现在出版、广播、电视、音乐等与文化相关的产业当中，也出现了融合发展的趋势。

二、产业融合的基本特征

产业融合是一种突破传统范式的产业创新。发生在开放的产业系统之中，对于一些相对封闭的，或者具备垄断性质的产业是很难出现产业融合的，比如军工类的产业很难和其他产业融合。产业融合打破的是横向和纵向的两种产

---

❶张振鹏，济南大学文化产业研究所所长，商学院教授。

业边界,横向的产业边界是跨越产业部类,所谓纵向的边界指的在同一个产业内部,相关的子产业或者是行业上下游之间打穿,这也是产业融合的现象。产业融合是资源要素扩散和整合的动态过程,而且这个过程是动态,在不断地延伸和变化的。产业融合意味着产业组织分工的新路径和新起点。

　　作为文化产业融合的三种类型:一是产业内部的重组融合;二是产业间的延伸融合;三是文化产业与文化事业的互补融合。

　　产业内部的重组融合即是上下游关联行业的混业经营,创造新产品或服务。例如我们借助 IP,把图书出版、影视、音乐、动漫、游戏这一系列的文化产业上下游的关联行业融合在一起,开辟出新的产品道路,这是文化产业内部重组的状态。

　　产业间的延伸融合,是指跨越产业界限的一种互补和延伸,赋予原有产业新的附加功能,形成新的产业体系。万达已经形成自己独有的产业体系,把房地产、文化、旅游、商业、贸易、服务、物流等产业重新组合,形成万达的综合产业体系。其他领域也有很多这样的新的产业出现,比如创意农业,我们也把它叫作第六体系。

　　文化产业与文化事业的互补融合,过去我们一直将文化产业和文化事业分开来讨论,现在慢慢开始,国家有关的政策在提到文化事业时,允许社会资本的接入,可以采用市场化的手段,可以借助产业市场化的发展方式。2016 年 5 月国务院出台的《关于推动文化文物单位文化创意产品开发指导意见》,文化产业产品很多时候需要借助文化的手段,文化创意和文化产业互补的融合在未来可以预见是大势所趋。

　　产业融合出现的契机是技术的创新,技术创新之后,才能够应用到新的领域之中,新的技术手段能够和原有的技术进行嫁接,形成技术的融合。这是产业融合路径的一个起点,是产业融合的前提和基础。技术融合最终出现的变化是一种产品形态的变化,旧的产品形式和新的产品形式出现融合,所以产品融合是推动产业融合的中间环节,有产业融合,就会出现新型的组织形态,包括资源配置、管理模式,业务组合,业务融合是产业融合当中的一个核心问题,业务融合就会产生新型的组织,新型组织形式的出现会创造出新的市场,面对

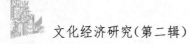

外部的市场,对于市场的融合起到催生的作用,市场融合最终导向就是产业的融合。

产业融合的路径分别是技术融合、产品融合、业务融合、市场融合、产业融合,一开始可能有两个产业出现,也不排除一开始就有多个产业的融合出现,一般来讲这种产业融合是不断地在扩大产业融合的范围。而且融合不是单向融合,也有相互交叉的融合。

文化产业融合有机制作用,比一般产业要复杂,这也是我们面临文化产业发展的时候经常去讨论的文化产业的复杂性。机制作用有几个方面,一是产业发展的内在规律;二是企业间竞争合作的压力,任何一个企业都有竞争和合作;三是对产出效率的追求,企业除了追求效益之外,还要追求效率,要把自己的价格变现;四是跨国公司的发展,不管外国的公司进入中国还是中国的公司走向海外,都面临横向、纵向一体化的问题,这也是加速产业融合的动因;五是规制放松的支撑力,国家支撑也在鼓励产业的融合;六是市场需求,人的需求在不断的增长,不断的升级。

文化产业融合发展的政策机制,一是组织协调机制,任何一种产业融合都是跨越产业人类政策规制上,文化产业的融合不是文化部门的责任,需要多个部门建立组织协调的机制。二是企业主体机制,让企业走到前台。三是中介服务机制,济南大学商学院正在和山东省政府探讨建立山东省文化产业创新实验区,不是简单的和其他园区一样主打经营,我们主要是做中介,做服务,把资产评估、金融、资产产权的担保等融入进去。也做不以盈利为目的的社会公益。四是人才培养机制,这是高校的老师我们要共同思索的问题。

改写移动阅读未来：

当文化创意产业遇到人工智能

李　亚[1]

移动阅读是在智能手机和互联网时代使用频率最高的，它可以获取用户画像的大数据的维度，可以带来分发更多分子商品服务的巨大的潜力。互联网时代，我们获取资讯的入口有以下几个方面。首先是门户时代，最重要的很快进入了搜索引擎、社交这两个入口，还有特性化推移，比如从亚马逊推荐买过这本书的人还买过哪本书。到进入头条的装饰网站。什么主导了的资讯获取？不管是在中国还是美国，社交平台都无疑是最重要的获取资讯的手段，中国的 QQ、微信、微博是大家获取资讯最多的手段。一点资讯独创了一个兴趣迎亲，它是融合了搜索引擎和个性化推荐技术。这里也介绍一下一点资讯的背景。我是兼任凤凰网的总裁，由于一点资讯的股东包括了凤凰网的品牌，还有我效力于 OPPO，这些都推动了一点资讯的发展。大家看中的都是一点资讯的产品理念和核心技术的差异性和超越性。回到一开始的问题，未来人们到底是更关注机器，还是更关注美女？这跟我们获取资讯的这个应用中，有类似的机器超越编辑、机器真的更懂我们吗？

实际上单纯依赖个性化推荐的机器智能是有局限的。大家知道电视文化开创了娱乐至死的时代，玩过游戏的看网络影视的都有体会，娱乐至死和网络至死机器，大家都知道我们沉迷于什么的内容。比如黄牛原配打小三，这种话题无论在中国还是美国，他们都占据了互联网流量的最大入口。不管是雅虎、

❶李亚，凤凰新媒体公司总裁，一点资讯 CEO。

谷歌、百度，最大的流量都是这样一些娱乐性、平庸或者庸俗的一些内容。而机器的智能，它往往可以很容易地辨识绝大多数人都喜欢看的东西，它可以推荐这样的内容，让自己大把的时间和生命被这样的内容包围。一点资讯用户有主动兴趣表达和内容发现的特点。他们会主动订阅，特别是把PC搜索提升到移动时代的订阅。绝大多数人会订阅一些对工作、生活、健康、教育、投资等等有使用价值的，或者对精神追求有意义的这样的内容，而不是单纯地去看那些娱乐消遣八卦的内容。所以对于一点资讯来说我们有机融合了搜索引擎和推荐引擎，在一点资讯的平台上，我们用户订阅生成了260个频道，它使得这个客户端与客户客户端有非常大的差异。一点资讯满足用户的不仅是有趣有料的新闻八卦，还可以给用户的生活带来有价值、有品的内容。在这样一个信息爆炸的时代，我们做减法，带给用户有限的时间内，不仅要提供有趣、有料的追求，而且提供有用的、有价值的内容。所以一点资讯是一款私人定制，价值阅读的开放产品。

因此人机结合将带来颠覆性的体验。它强调鼓励用户进行主动性表达。一点资讯通过用户阅读一篇文章来推荐相关的文章，尤其是频道关键词，鼓励用户在我们的平台主动搜索，发现对它有价值的关键词领域。通过把这些关键词订阅成一个频道，表达他对这个领域的关注。在此基础上我们通过人工智能的过滤，提供高品质的手段，全网化的内容，超越那些八卦内容。所以我们的用户、编辑，结合机器带来的是一个崭新的阅读体验和有保障的阅读品质。下面举一些跟文化创意产业相关的一些关键词作为例子。从事政策领导的官员们可以订阅像文化产业、传媒产业这样一些关键词甚至是更细的一些词。这样一个文化产业、创业词云，表达的是跟文化创意产业最相关的一些其他关键词。由于我们鼓励用户的兴趣表达，我们对用户真实兴趣的发现洞察，会超越那些单纯获取的用户洞察。这样的洞察可以让我们提供更具有延展性内容的推荐。

而我们提供这样的娱乐八卦的内容，要提供一个全网化的内容生态，我们每天爬取了50万篇网络内容，通过信息过滤，让这样一个文章的画像，跟用户的画像对应。我们甄别于不同的信息源，不同的文章的品质。这种品质不是简单由用户决定，这一个自媒体累计的用户的社交分享，用户收藏，用户的平台，在此基础上凤凰网这个平台，也为一点资讯提供了独家的高品质的内容。

一点资讯也吸引了各种类别的自媒体的入驻，我们清晰保留的自媒体超过了7万家，有上千家包括中央、纪委、军委等一些最重要的政府部分，他们产生互动，以及工商这样的机构，也包括两家最重要的选求顶尖智能手机品牌和凤凰网。我们拥有这样的股东就是因为一点资讯超强的产品理念，给我们带来的绝不仅仅是流量的最大化，而是价值的最大化。

目前一点资讯的用户在行业中排在第三。但是我们产品有其差异性，我们追求的实际上不仅是门户时代的有料，个性化时代的有趣，更重要的是想带来有品的内容。一点资讯帮助用户收集、整理那些对他有使用价值的内容，对他的生活精神有益、有帮助的内容。以上就是我带给大家的一个分享，也希望大家能够尝试使用一点资讯，订阅那些给你的生活工作真正的有关联的、有价值的，也许就在今天周末，你就会带给自己或者家人一个惊喜！

从文化创新的角度谈教育的未来发展

宋少卫❶

40年前,我在山东的一个小村子里。从很小的时候起我就在这个村里面无忧无虑地成长,那个时候真的像电视剧里演的一样,我在放羊;30年前,在县城看了一部特别让我震撼的电影,名字记不住了,只是记得,是一个机器人大战的一个片子。最后机器人把所有的人类消灭掉。那个片子让我很恐慌,我觉得我当时就想学习管理机器人,最后我真的进了清华自动化系,学习了人工智能;20年前,我分到了电子部,我不喜欢电子部平时的工作方式,于是我选择去人大读书,开始学习困难和青少年心理;10年前,我发现,因为我自己的某种特殊的知识结构,我学习了这么多。我研究学习困难,我发现我可以做一点梦了,我开始琢磨,中国的教育是不是可以有一些跟别人不一样的走法,能让我们做一点创新,做一点不是西方走过的,而是我们自己的东西。当然大家都知道,把一个人变成白天就开始做梦在现实生活中是有很多麻烦和困难的。而现在我们部分的中国教育的确有很多问题。

北京的青少年厌学的比例非常之高,甚至有点明显。官方数据显示,青少年心理问题的检出率23.4%。也就是说,每4个人当中就有一个人有心理问题。这么严重的问题,到底怎么办。有很多人说,我们要学习西方,我们看看西方怎么做的。我们研究他们的成长和发展延续。坦率地讲我去过很多地方,试图寻找对我们有帮助的方案。但实际上我到了英美之后发现,他们的问题比我们还多,否则英国最近也不会开始运用我们的数学课本了。这么多的教育问题,或者说全球化的教育问题的根源在哪里?我们做了一个大胆的梦

---

❶宋少卫,清华大学人文学院素质教育研究与发展中心执行主任。

想,或者说一个揣测,1977年采取的义务教育模式,以学校为特点,孩子被动接受的学校模式,有没有可能到了寿命?反过来思考,今天科技的发展非常之快。300年到现在我们经过了三次革命,有人跟我讲人工智能的革命要到来了。人工智能跟教育结合有很多东西出来,我很期待。但是我们在做中国的教育时,我特别不喜欢一种模式——否定西方,我希望我们做教育文创的时候,首先能够继承原有的属于我们自己的东西。坦率得讲,今天我们很多优秀的学校,在让我们的孩子认识到我是一个中国人的时候,以及为什么说我们是中国人的时候做得很不够。孔孟时期和成熟时期那些优秀的东西,那些优秀的文化的基因我们一定要保存。其次我们在科技方面的发展也要追上来。科技在产生的时候,算是一种技术的力量,当人们适应之后,它就便成了文化的力量。我们能否在现在这个时候,找到一些后发优势。

首先我们看中国教育没有解答好的一些问题。比如说世界是什么样子,我是谁,我从哪里来,我到哪里去,这些问题我们现在的教育当中没有解决好。但是这些问题并不是那么难以解决。比如说我们要告诉我们的孩子,在不同的年龄段,世界是什么样子的,数学、物理、化学、历史、地理、政治,这些都是关于这个世界的什么。比如说历史,历史是关于这个世界时间的概念。它是时间轴,它告诉我们你站在不同的历史时期,要用什么样的战略,应该学会什么样的历史的眼光。

关于我是谁的问题,这是心理学的一个重要概念,有的时候我跟孩子交流这个话题,很多孩子不知道怎么回答。我们今天的教育需要去创新。那么在创新的时候,我们一定要记住我们的根在哪里,我们怎么看世界。中国人,你为什么是一个中国人,因为你看世界的眼光是与众不同的,阴阳五行是解决我们对自然的认识,天人合一是解决一个人和自然之间的关系,中和中庸是解决人与人,人与事之间的关系的处理,克己修身是完善一个人的内心世界。只有这样的时候你才是一个中国人。

当然我们要把这些东西,都放到孩子的心灵上去。这就需要从家庭到学校到社会进行全面的合作。另外我特别想谈一点我自己对文化的浅见,我觉得中国文化有足够的自豪感。我经常在学校跟学生以及一些青年老师们讨论,为什么中国文化要自信，是因为我们的文化有非常独特的两极化结构设计。这种结构是天然的。有道家的，它追求返璞归真、天然去雕饰，它追求写意的东西，把虚用到了极致。且又出家，它讲究巧夺天工，它追求美学反复机制。这两者相对但是不相触，相生但是不相克，两极化的结构使我们的文化可以自省，自我批判轮回。我们让孩子思考理解这些东西，可以使得他们对我们的文化有信心。我们讲文化创新，可以思考从文化创新的角度为教育做点什么。

这方面我会提两个不同的层面，一个是文化层面，一个是科技层面。但是这个科技不是科技创新，而是创新之后的科技对文化的贡献。

首先讲关于科技层面的问题。我上大学的时候，当时清华的自动化系有一个老师，跟我说未来最发达的不是人脑，而是机械脑，是人脑和机器的结合。比如说人脑有一个缺陷，内存特别小。老师说，如果能够用生物芯片的技术，把人脑内存扩大到一个 G，我们今天从幼儿园到大学所学的全部知识一个星期就可以学完了。各位生下来，在后脑做一个手术，插一个芯片，大家想想看，就变成了什么？阿凡达。我们见面不需要说话，我们再装一个蓝牙发射器，50 米我们就可以交流，我可以知道你心中所想的一切。这是特别美好的一个想法。但是这些想法，海底两万里在开始的时候是想法，今天我们的这些思考，未来是不是可以把梦变成梦想，我认为很有可能。人工智能加教育会变成什么。如果各位有孩子的话，您可以把这些方式和方法用到孩子的学习和成长，可能会有意想不到的效果，比如说因为清华是理工科，我们做教育教学思考从理工的角度有什么样的启发。我刚刚提到了内存的概念，如果没有教过孩子没有感觉。我们在一些学校，在做群体的干预。有的班级学习状态不好，我们做了一个这个主张，明显有了变化。还有数据库的问题。人脑的数据非常科学，学习效率高的同学，无一例外都是数据高。他们大脑的记忆，没有跟别人不一样，而是用来记忆的数据单元结构独特。这种东西怎么形成的？我们可以在教育的时候，用一些简单的方式和方法，比如说，我们放一些学习的小的资料，但是结构化的东西和故事做结合，让孩子慢慢养成收听的习惯。再比如说操作系统，人脑操作系统科学复杂。在学习里面它起到非重要的作用。我们学校搞一些作业的改革。我教的不是知识，未来的知识是海量的，我教的是文创和城市的探索我一直在做。得到了包括郎园在内的很多支持。我们在做的过程当中，一直在思考全球其他国家做的一些启发，比如说英国的 Round House，它做得不错，它是给自由职业者提供位置和时间。比如说美国的一些学校的变化。比如说 Minerva 大学，它和传统的大学有差别，像 Altschool，这是一个小学，它是一个年龄段比较长的一个从幼儿园到小学的教育，它像是一个互联网企业，此外还有很多其他的方式。今天我很高兴站在这里。讲讲我对未来中国社会教育的一个梦，我特别希望有一天，如果有可能的话能在郎园这里面建一个社会大课堂，在这里有很多精英。但是坦率的讲，我们的孩子在学校很难接触这些好的文创的资源。我们中国教育有一个非常糟糕的问题，就是谁在教的问题。我们大部分的中小学老师是师范毕业就进了校园，他们对社会的了解，对科技的跟踪速度相对比较慢，国家已经意识到这个问题。所以我特别希望我们将来可以创造一些让孩子跟踪这个时代，最新的步伐的这样的社会大课堂的资源课程。这个要怎么去做呢？实际上我们会一步一步地走。首先做一些跟学校的合作。最终我们希望它会是一个从全方位去满足青少年生命成长需要的这样一种模式。它能够在核心素养的培养模式上使我们的孩子摆脱学校的僵化模式，这需要理解，需要沟通合作，这些能力在学校里面，会有一些课程。但是更重要的我们希望在这么时尚的郎园这样的地方也可以给孩子开创课程，使他们在这里把某一个人生的技能打通，迁移到未来的学习和生活中去。

实际上未来中国的教育会是什么样子，我们今天很难定义。作为一位老师，我特别希望教育的文化创新，敢于走出中国的量子时代。这里也跟大家分享一下我的梦，我希望如果我有机会有一所学校，这所学校没有围墙，也没有现代那么多的成人老师，它有一种文化，是让我们的每一个孩子都想长大。然后他们的今天所学必是明天所用，今天所学必是昨天所想。通过这样的方式我们关键是改变什么？是我们的课程，我们要教的内容的重新设计。当然，在这样一个理想国里面，有很多工作要重新创立。但是我觉得，这一天我们中国人早晚要敢于迈出去。西方很多人在尝试，我觉得像互联网一样我们走在他们的前面，我希望我们的教育也可以走得比他们更快。

公共文化事业中文化产业协同创新发展

高慧君❶

我的学科背景是公共管理,自从进入中国传媒大学工作以来,我的研究和教学领域就进入了与文化传媒的交叉领域。近十年的研究课题和成果目前很多都是公共文化服务领域的。我的体会是公共文化事业与文化产业的联系越来越紧密。通过参与范周老师主持的《公共文化保障法(草案)》的编写论证,以及现在政府购买公共文化服务的政策导向,使我有这样一个感受,公共文化事业和文化产业现在越来越难以分离。在今天峰会的探讨过程中,我也发现了包括文化产业的从业人员都提出了文化产品的功能性问题,文化产生的产业属性和它的公共功能是不可分的。

我发现中国有这样一个现象,即文化产业本来应该是一个市场为主导的产业,但是在我们国家,却是由政府和公立大学的学者们动用大量的公共财政去做研究,去教市场行为主体去行为,这个在逻辑上值得推敲。从高校很多老师研究的项目和课题中也不难发现,大多数来自于政府,而且成果也是交给政府,如果是这样,似乎我们国家的文化产业研究上都停留在政策层面,研究的主要动向和主要内容并没有趋向于对市场行为主体以及产业本身的推动方面。基于以上的思考,我想提出以下几个问题。

第一个问题,文化产业与文化事业的关系问题。现在这二者的关系越来越紧密,边界很难做出明确的界定。

第二个问题,政府需要在文化产业的发展过程中扮演怎样的角色。我们国家文化产业发展了很多年,发展到如今这个阶段,政府对文化产业的干预程度

---

❶高慧君,中国传媒大学经济与管理学院公共管理系主任,教授。

值得思考。在如今，如果政府还不撤去自己的主导角色的话，市场工具在产业发展中就不能发挥产业，自身应取得的效益和国际市场竞争力都难以提升。如果我们国家的产业都由政府在主导，它跟我们说的公共服务又有什么区别呢？

第三个问题，文化产业园及实验区的功能问题。在深度接触了朝阳区国家文化产业创新实验区后，我有这样一些思考，即实验区的初衷到底是什么？是不是一个园区内存在文化性质的企业它就叫文化产业实验区。也就是说实验区的定位、功能都应该规划清楚。我们看到实验区里面所谓的文化企业，如CCTV、人民日报都是事业单位，我们国家的传统媒体除了出版社之外，一直都是事业单位企业化经营，产业和事业根本无法割裂，这就造成一个困境，产业没有做好，事业也不见得发展得好。在这样的文化产业园区里面，大户恰恰是事业单位，这些事业单位如何在产业实验区里面发挥产业功能？这些都是我们应该去研究的现实问题。

下面通过我对公共文化服务的概念和功能的界定，以及存在的问题，是不是能够启示我们去探讨文化产业和文化事业之间的关联性？

公共文化服务比较通行的定义有三个层面，一个从物质层面，定义为公共文化的设施和公共文化产品的供给。第二个是制度层面，第三个是价值层面，即公共文化的意识形态和文化导向，表现为人文知识和人文精神。为什么被称为公共文化？公共文化的价值层面恰恰说明了内容的重要性。中部地区的公共文化功能和问题表现在：首先能够推动地区文化发展，保障公民文化的权益；其次能提升中部区域文化软实力，进而提升区域整体竞争力；再次能协调地方资源，提升国家文化整体实力现存的供给的结构的不合理的问题；第二是公共文化服务的投入规模不足，虽然政府在投资，但在财政支出的总量中，它的投入比较低。第三是公共文化和群众需求脱节；第四是公共文化服务相关法律法规、机制欠缺，老百姓不知道有什么样的文化服务，也不知道怎么对这样的文化服务进行监督或者评估。第五是区域公共文化服务发展不均衡。

概括这些问题发现一个症结，就是单一性，在整个公共文化服务中，基本上是政府垄断的，这就造成很多诸如效率和质量的问题，解决之道是我最近的课题一直研究的,其中一个比较前沿的解决模式就是PPP,但是PPP有一个问题,民间资本如何投入?积极性怎么调动?相应的质量怎么去监管?这些都是我们现在和未来需要深入研究的课题。

Chapter05

模式创新与行业转型

"互联网+"时代文化企业的战略创新

李康化❶

这一年以来,双创在我们国家已经成为一个新常态,这里面最重要的关键词就是"创客"。"双创"、"众创"之所以能成为新常态,里面有两个必然性和一个规律。第一个必然性是:现在社会已经进入了互联网时代,并且正朝智能化方向发展.我们的经济发展,归根结底会是一个什么样的状态,我们可以在时间和空间上做文章。在时间上做文章,就是怎么样对接现在与未来;在空间上做文章,就是怎么样把人、物、信息集聚在一起。我们认为,在互联网时代加上时间维度、空间维度,这样就构成了我们这个时代推进社会进步的一个重要的力量。第二个必然性是:今天中国已经步入了80后和90后成为社会中坚力量的时代。这群人身上最大的特点就是创新。今年上海评选了80后作为文化产业年度人物,这是对他们的极大肯定。一个规律是:不断的迭代。如果我们今天不创新,就跟不上这个时代,因为整个产品、整个企业都在不断的变化。

目前,许多的创业是跟创新连在一起的。虽然创业不等于创新,创新也不等于创业,但是创新型创业是今天这个时代最重要的一个特点。在这里面有两个重要的东西,就是创新的两大规律。第一个是"痛点就是创新点"。今天大家都已经习惯了滴滴打车,但是有了对原来打出租车痛点的发现,才有今天用的滴滴和快的,所以痛点就是创新。第二个是数据驱动。我认为未来最好的生意都是跟数据有关的,华为的任正非说,所有的生意都是数据化的生意。举一个例子,未来快递行业唯一一个可以做得好的就是顺丰,为什么顺丰做得好呢？最重要的还是来自于数据,因为我们通过对物流行业的研究发现,物流

---

❶李康化,上海交通大学中国文化企业战略研究中心主任,《中国文化产业评论》副主编。

行业车辆空驶率降低一个百分点就可以带来更大的效益。顺丰就可以降低车辆空驶率，为什么可以做到这一点？就是基于数据，所以未来真正好的生意都是来自于数据。

讲到这里，我给出一个未来企业可以做得好的一二三四五，我认为未来所有的企业，所有的产品，之所以做得好就是基于一个中心，两个基本点，三个特征：去中心化、去孤岛化、去中介化，四种思维，五大原理。这里面涉及的内容非常多，比如说，我们认为商业的本质无非是供应和需求的匹配，供应和需求存在三大矛盾：信息不匹配、时间不匹配、空间不匹配，怎么解决不匹配的问题呢？第一个手段是用计划经济的手段，但是由于存在信息不对称的问题，所以解决的不好。第二个手段，用市场经济的手段，因为信息对称因而最终可能会达到很好的出清市场。人类历史前三次的商业革命就是解决供应的问题，今天首先要解决需求问题，我们会发现，今天讲供给侧结构性改革也是一样的道理，供给侧结构性改革产能过剩的主要在功能生产领域，主要是国际生产力，不能一概而论。比如说，以前因特网被高通打败，就是没有抓住移动互联网的需求，因而抓住需求非常重要，互联网取得成功首先搞对需求再整合供应。经济有三种，一是实体经济。实体经济包括两种：一个是搞人流的，就是服务业，一个是搞物流的，物流有七种产业，仓储业、运输业。第二个是虚拟经济，信息流和资金流。第三个是政治经济，搞商业，搞关系的。这里面政治经济是非常重要的，可以有很多的理解，比如我以前做的一个课题，谈到保税区，从香港到上海，需要交6%关税加上7%的增值税，总共税收24.02%，然而是可以免税的，这一块就省了6000万，商流决定了其他的东西。

在这里特别想说的是通过商业的研究，实体经济里面最重要的是流程和时间，在虚拟经济里面最重要的是风险，未来经济的发展解决要做到"混流、跨界、整合、闭环"，怎么混流呢？有很多种方式，可以"人流+资金流"，那就变成了服务金融，如果"信息流+资金流"就是互联网金融，如果是"人流+物流"就是C2B，如果"人流+信息流"就是O2O。我们以前对"互联网+"的概念的理解都不是非常到位，"人流+物流+资金流+信息流"才是"互联网+"。

在这里面还有很复杂的东西，比如"人流+资金流"，在文化产业领域应用的

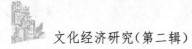

比较多、取得较大的成功的最典型的是娱乐宝。娱乐是人流，宝就是资金流，这个案例很清晰。娱乐宝之所以成功实际上是降低了风险，把人流把握住了，这就是非常典型的"人流+资金流"的案例。我们讲O2O，线上和线下，完全是不对的，因为O2O有好多种方式，可以使线上、线下结合。大众点评和美团，1号店地铁扫描，以及现在很流行的MOOC，都可以线上、线下再到线上，而光做O2O简单的线上、线下是不对的。这里面关键的是要有一个互联网思维，互联网思维也不简单，包括了技术、模式、管理三个层面，从技术的角度涉及大数据、云计算和传感器，从模式的角度来说，混流、跨界和闭环，从管理的角度来说，互联网三个字非常好的概括了互联网时代的互联即连接，网就是连接。在这样的背景下，企业的创新需要做到资源平台化、员工创客化、产品个性化。

我们未来要怎么做混流呢？实体经济、虚拟经济。未来的趋势是这样的，人流将会被信息流替代，许多东西做体验。万达广场如果不转型，以后都会死掉，现在很多实体都不灵光了，这里面要人流将会被信息流替代，人流也可能被物流所替代，比如外卖。"物流+信息流"是智能化的，创新的第一个策略是朝智能化方向发展。最重要的是，在"互联网+"时代，作为一个企业怎么去创新，最后还是要回归到文化。今年开年的时候，《美人鱼》票房达到30亿。《叶问3》票房造假，事件影响非常大，通过资本的运作来做这件事情没能成功，主要是因为不做电影了，实质上把电影作为一个工具来做金融，所以后来出现了非常大的问题。虽然我们强调在"互联网+"时代，要依靠产品技术、商业模式的创新做文化产业，但是归根结底还是要回归到文化。

做好"动漫+"的大文章

庹祖海[1]

前几年,关于文化创新我讲过三句话,"让钱流动,让权收缩,让人向上、向善"。办任何事情要有人,还要有钱,但是这个事儿办的好不好,关系到价值观的问题,特别是文化价值观和信仰的问题。

从这三个方面来看,我觉得钱的事儿和权的事儿,都还解决的比较好,但是在人,人的灵魂和价值观,也就是事关文化创新最核心的方面,解决问题的进展还并不是那么好。这几年社会对文化的投资越来越多。掀起了一个投资热潮,这个潮到现在并没有说退去,而是此起彼伏,一个热点跟着一个热点。非常引人注目的是很多的上市公司定向增发,选择的多是文化创业团队,还有IP争夺战,从国内一直打到国外,形成了一个收购的热潮。资金的投向是怎么流动的呢?是跟着创新流动的,是跟着创新的点流动的,这个流动应该说符合国家整个发展战略和经济结构调整,国家要把文化做起来。

第二方面,让权收缩,指的是在行政审批和管理的改革,打破行政壁垒,更加强化政府的服务功能和对市场公平秩序的保障。国务院在这方面出台了很多的政策,强调监管不要太早的向创新去伸手。前不久在贵阳召开的大数据峰会上,就有互联网企业家提出,如果当初出一点事情就管起来,不让发展了,今天的阿里巴巴也好、腾讯也好,微信也好等这样一些创新,可能就没有了。所以在监管和创新之间关系的处理上,对权力过早的、过多的介入方面有所控制,服务方面有所加强。

第三方面,目前还有待提高的方面,也就是让人向上向善这方面。人,从

[1] 庹祖海,中国动漫集团有限公司董事长、党委书记。

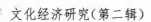

文化产业方面来说，既指文化产品的创造者和服务者，也指文化消费的接收者。也就是说，文化产品和服务提供的文化价值含量的高低，在这个问题上还解决的不够，这应是应当深入研究的问题。

我认为文化发展的机制建设，这几年在宏观政策方面已有很多，包括投融资、版权、市场、服务等方面。但是解决最核心的人的灵魂问题，到底采取些什么办法？这也是需要关注的课题。文化创作者在从事创作的时候有两个驱动力，一个是经济的驱动力，一个是文化价值的驱动力。从目前文化产业和文化市场看，哪个驱动力比较大？我觉得经济的驱动力比较大，而文化价值追求的这个驱动力比较小，这两个轮子有点不平衡，也就是躯体和灵魂有点不平衡。现在的文化产品确实很多，以互联网为例，每天的更新量大到个人无法穷尽，是不是所有的新产品就是创新的产品呢？我觉得在这个方面还是比较弱的。

对于这种经济和文化价值追求的失衡如何解决？解决的办法，不是对经济驱动力踩刹车，而是要对文化价值驱动力不足做保障。刚才朱兵主任说国家出台了科技创新的政策，把科技成果的转化成果收入的50%以上可以归到个人，一下解决了很多问题，大家积极性就上去了，我觉得这个办法就是做增量的办法。文化企业必然有经济追求，没有了经济效益，一切都没有了。要保障文化创业者，文化企业能够实现它的经济利益，强大的经济驱动力是绝不能减少的，不能在这方面踩刹车。对于文化价值驱动这方面的弱势，政府也好、社会也好、行业也好，要给他注入经济动力加以保障。同时还有一个加法，对于本来已经具备了强大的经济驱动力，但是缺少文化驱动力方面的东西的公司、个人和产品，要做文化价值的加法。所以我觉得在这两个方面都是要做加法，不做减法，不踩刹车要踩油门。

下面我想结合中国动漫集团发展的情况，来谈一谈如何做好"文化+"，具体来说也就是"动漫+"的问题。最近在战略研讨中，我们把"创新"两个字去掉了，因为整个国家都在提倡创新，企业不创新就不能发展，没有必要专门把"创新"作为一项战略提出来，实际上其他所有的东西都要搞创新。我们要把企业独特的东西提出来，现在确定的是平台型、公益型、品牌化、国际化。去年中央出台了两个文件，关于深化国有企业改革的文件，把国有企业划分为两类，一类是商业类,一类是公益类,文化企业基本上属于公益类。

平台型是由动漫央企面向行业所应当承担的一种服务职能。从动漫创意来讲,国有企业在创新特别是研发创意产品上面,体制机制不如民营企业更加具有活力。去年出了好几个有影响的国产动漫产品,《大圣归来》口碑很好票房也很高,《大圣归来》是民营企业投资出品,据说从开始策划到最后做出来,做了8年! 这对于私企来说,确实充满很大的风险。去年暑期大概有20部动画片,其他的多半被《大圣归来》的光辉淹没了,所以创意产业的风险的确很大的,它要求企业在承受风险上具有强大的能力。因此,它的机制跟它的活力要求非常高。国有企业和民营企业在同一个市场里面,我们相对来说倾向于低投入、低风险、低收益的项目,带有公益性的服务,为高投入、高风险、高收益的企业提供专业和必要的行业服务,不能和民营企业去做完全市场化的竞争,而是要在市场里竞争合作优势互补。关于品牌化、国际化,对于动漫产业,品牌还是很重要的,同时整个创作发行消费都国际化了。我们完成了一个52集《彩虹宝宝》的片子,在策划过程中就和国外机构进行合作,片子首先是在国外播放,发行已经达到了几十个国家。

作为央企,在国际交流方面也有比较多的条件和机会,在财政部、文化部支持下,我们获得了四个国有资本金项目。一个是国家动漫游戏综合服务平台,这是从事技术支撑的,这个月准备验收了,提供动漫行业公共服务。第二个是中华文化经典精髓的动漫化和数据化运营。一直以来传统文化是动漫开发的非常重要的资源,现在动画片,大概有超过一半的题材是来自于传统文化,我们希望更加体系化、系列化、主题化,并开展社会化协同生产。第三个,中国动漫品牌海外推广工程,包括用动漫形式打造国家文化形象。我们中国如果用可视化的形象来表达,有哪些文化形象? 首先想到长城、兵马俑,还想到熊猫等,但是目前没有一个广泛公认的、好的动漫形象。第四个,华漫驿站众创空间,以动漫游戏为主的众创空间,我们为创意产业的创业创新提供一个服务。

我们在“动漫+”的业务方向有三个,一个是广告,一个是文创,一个是旅游。首先是动漫和广告的结合,也就是我们要在文化创意和实体经济之间,打

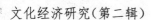

造一个连接——卡通形象营销,现在的广告越来越多的使用动画来制作,不少国家动画广告占到广告市场比较大的份额,一个是有亲和力,第二个是成本低,第三个是风险低。比如说有些广告请明星代言,可是明星有一些负面新闻出来,这个广告可能就不能够做继续播下去,给广告主带来比较大的风险,而且出场费也很高。但是一个动画广告,即使用很好的技术来制作,成本也大大低于真人的广告,这是目前广告领域对动漫的一个需求。通过这样一点,可以为实体经济,特别是消费类的产业进入日常生活中扩大消费市场,起到一个很好的作用。

今年我们联合有关机构,年底在广州举办"首届中国卡通形象营销大会",我们要对商业类的广告和公益类的广告做一些经典案例的评选推介,探讨广告界和动漫界的融合,从这方面来讲,也算是一个创新,也是一个跨界融合。我们看到很多的城市,村镇、企业甚至政府,都在用动漫卡通来做自己的创意宣传,大街上社会主义核心价值观的宣传,很多都是使用的卡通形象,它能够直达人心。所以我们想把动漫游戏服务平台打造成一个动漫公益广告的传播平台。

第二个是动漫和文创的结合,2016年,国务院出台《国务院关于进一步加强文物工作的指导意见》,指出大力发展文博创意产业。在这方面故宫在整个行业里面走在前头,已经提供了很好的经验,创造了很好的经济和社会价值。在文创产品的开发中,我们也觉得动漫的方式应当是文创产品开发的一个非常好的手段。现在很多博物馆、科技馆、城市规划馆,都用动漫的形式,数字艺术的形式来展现一个城市和地区的过去、现在和未来,这种动漫的方式,为文创、规划领域、设计领域提供了很好的手段。

第三个是旅游,说到旅游和动漫结合,大家首先想到的肯定是迪斯尼乐园,的确它成为世界旅游史上非常经典的一个案例,2016年上海迪斯尼开业以后,带来很大的消费热潮。动漫主题乐园在国内现在正在形成一个热潮,但是如果数量过多和同质化问题严重就不好了,因为毕竟真正有影响力,能够打造成为动漫主题乐园的产品和形象并不是很多,如不能够持续的提供产品,使它保持吸引力,很难使一个主题公园长期地坚持下去,所以也需要采取审慎的态

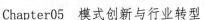

度。但是应用动漫游戏的手段,加强游乐设施的互动性、娱乐性,已经成为一个创新,最近很多城市商业综合体把注意力集中到要改变过去靠商业为主的形式,把餐饮、娱乐业提高到非常重要的位置,这可能是互联网+的形式下,对于业态创新的挑战的回应。所以在主题乐园、动漫游戏体验馆、数字娱乐设施的建设上面,有很大的潜力。还有cosplay表演会拉近与游客的距离,我们打算在cosplay的表演方面培育一些好的剧目、好的团队。通过动漫卡通形象的设计,为旅游景点的宣传推广提供一个手段。中国有很多的世界遗产,包括自然遗产和文化遗产,用卡通形象把旅游和动漫结合起来大有可为。

动漫产业如何讲好故事

肖永亮❶

从我国在2006年发布23号文件成立国家发展动漫部级联席会议到现在，我国动漫产业已经走过了10年，当时第一句话提出目标和口号就是"在5到10年内中国的动漫要立于世界的大国、强国之林"。随着中国经济水平发展与文化领域精神生活的提高，电影发展和良好的电影市场秩序使得动漫势头很强劲，因此"大国"这一点毋庸置疑。但是还有很多不尽如人意的地方，也就是与我们预期的目标和我们目前世界动漫领域里面的地位不太相称，所以要思考一些问题。

一、国内外设计思路的差异

虽然目前我们可以看到有一些很好的动画，例如《大圣归来》、《大鱼海棠》等，但是和迪斯尼的《奇幻森林》、《宠物大揭秘》这样一些片子比，还是有一些欠缺。这就让我想到，我们做动画的思路是不是反了？为什么？我们知道在动漫中形象设计非常重要，我们也很强调形象和角色的设计，但是从迪斯尼和梦工厂出品的动画可以看出，国外研究动画的时候，首先是从设计一个媒介开始，这个媒介可以是玩具、宠物或者动物，使得它是一个具有可传播性的载体。这就跟国内的思路方向很不一样。

❶肖永亮，北京师范大学艺术与传媒学院教授，数字媒体研究所所长，北京京师文化创意产业研究院执行院长，国家动漫创意研发中心总监、国家沉浸式交互动漫文化部重点实验室学术委员会主任。

二、国内外表达方式的差异

我再来谈我们要让可传播的媒介去替你说什么话？表达什么世界观、价值观？目前国内创作情况往往有点相反。我们往往首先想到是要做一个动画片，要有传统文化、中国元素、价值观等一些具有教化意义的内容，从这个方面出发去设计形象人物，来表达这些内涵。在制作的过程中，你会发现很多动画片不管是从讲述的故事还是表达的形式、动画的表现里，已经把想要表达的思想都说了。这实际跟动画做得如何没有关系，用旁白甚至字幕都可以把事情说出来，但是从效果来看远远没有达到目的。例如《冰河世纪》已经做到了第5部。你会发现首先跳出来的是一只松鼠，那个松鼠就是以各种各样的玩法去玩它的松果，一点对话一点声音都没有。这个小品一出来马上就能吸引到观众的注意力。因此我们可以看出，做任何动画片首先都要确定一个很有趣很易于传播很受大众接受的这样一个角色人物，然后你再讲它说什么。到后面如果设计的角色很受到人们的欢迎，它具有很大民心效应、民心号召力，而只要它是民心，说什么都有说服力。迪斯尼的动画都是很精心的打造一些角色人物，每部电影的的确确起码在表达一个价值观一个主题，动漫就是这样，叙事不要太复杂，而是用故事的构成和设计的影视语言和叙事表达。因此，我们对于在大的方向上如何去发展动画应该有一个更深的思考。

不过，我们中国角色人物形象其实也有成功的例子。为什么《大圣归来》获得超10亿票房？可以看到以美猴王形象为载体做的动画都不错，包括原来的《大闹天宫》、《哪吒闹海》都很不错。迪斯尼就很准确地抓住了这一点。熊猫是全世界都知道的，中国功夫在国际上的传播也很广泛，迪斯尼就让它明明白白地表达中国传统文化道家的玄之又玄、虚无、阴阳等理念。这种准确的把握对中国动画产业来说是一种很大的启发，我们不仅需要琢磨怎么应用软件、3D、VR等，更重要的是如何着手把观念思路调整一下，找到一个新的出路。

中日动漫产业的IP变现

魏晓阳[1]

现在文化产业"IP"这一概念大家都很熟悉，IP在产业界动漫界最著名一句话就是IP变现，IP变成白花花的现金，IP变现这个词跟我们今天主题结合得比较紧密，就是文化产业创新的一个新思路，为什么这么说？IP这个词翻译成中文就是跟知识产权保护相关的。但是我们中文理解的IP这个词在不同的人眼里，已经不仅是一个知识产权了，比如说企业家眼中IP是可以变现的商业模式。投资者眼中IP可以作为质押可以去银行质押东西。对于一些作者来说IP是什么？IP又是一个作品，这个作品可以是各种各样的好的故事好的作品。IP从中文直译过来知识产权，最后在所有不同的眼中增加了很多外语言，最后一个结论就是知识产权可以作为一种商业模式。从这一视角我来介绍一下中日动漫产业。从以下几个方面做一个介绍：首先看一下中日动漫产业链的利润分布；第二我们看IP变现的主体有什么样不同的类型；第三变现的话它的变现命门在哪里；第四看一下未来和挑战。

一、中日动漫产业链的利润分布

日本我从两个角度来分析。第一从宏观角度来看动漫业界的利润分布，第二挑选两个比较典型的日本动漫企业来看它的运营。第一个就是宏观角度，这是日本动漫协会2015年对2014年日本动漫产业做得报告，这个报告2015年做的，已经推出两年，是最新的数据。这个数据从2002年到2014年12年分布，

---

❶魏晓阳，中国传媒大学文化发展研究院教授，博士生导师。

整个动漫产业呈上升的趋势。这个上升趋势我们整体上来说2013年是当时最高的,到2014年超过了2013年产业的值,可以说打破了日本动漫业界一个新的预期。我们再来看日本的动漫产业,到底日本的动漫产业界定是什么?跟文化产业有很多不同的界定一样,日本动漫产业分为几种,就是传统和电视、电影,和互联网手机相关的。这里面我们要注重动漫有一种衍生品的销售。还有音乐,这是2002年到2014年,2002年是作为相当于动漫的咖啡厅,动漫餐饮业相关的,这是在2007年才作为动漫产业的一个分类。到了2012年的时候,我们知道二次元经济,日本认为他们不是二次元,他们是二点五次元,就是加上动漫音乐剧、舞台剧,这是它的二点五次元,2013年才进入到动漫产业分类里面的,这个二点五次元。我把2002年到2014年两个年份拿出来看一下不同动漫产业行业在整个动漫产业占得比值是多少? 2002年最少是电影,只有2%,音乐1%,这两个比较少的,占最大是商品化,包括衍生品包括授权都是放在商品化这个里面。占到整个动漫行业将近一半的数值。传统电视和电影大家觉得成本那么高,实际上利润整个占得产值并不高。我们再看2014年跟2002年有什么变化,我们可以看电视和电影基本上没有多大变化,跟2002年12年前一样,商品化我们看也是衍生品这块也是没有多大变化,海外市场减少了,增加了刚才所说的动漫餐饮业和舞台剧,然后通信的方面也是增加了,我们中国互联网特别发达了,日本相对减少了,这样一个情况。看完宏观上的一个比例分配,我挑选两个比较典型比较大的日本动漫产业,一个是东映动漫,这是销售额,这是电影制作,还有销售所带来的销售额,这是版权带来的销售额,这个黄色这块是商品的销售额。我们来看基本上呈现这样一个比例分布,但是到了利润这是很有意思的一个,就是电影它的销售额非常高,但是电影这些制作所带来的利润却只有10.1%,因为它的成本太高了,利润反而很少。我们看版权这一块销售虽然不高,但是整个利润却特别大,占整个利润的83.9%。其他商品占比率比较低。第二个日本新锐的动漫公司,横的是销售额,竖的是利润,做电影销售额57.3%,竟然让它亏损了35.2%,销售额20%,带给它的利润高达133.8%,足以把电影制作销售挽回来(如图5-1所示)。

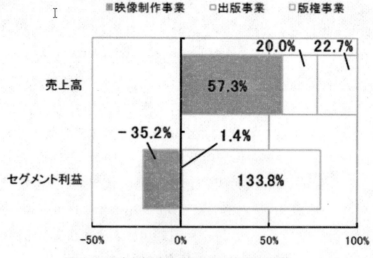

图5-1　日本新锐动漫公司2013年利润构成

再来看中国,这是2014年动漫蓝皮书的报告,因为里面没有日本详细的数据,我只能用一个简单的图来做说明(如图5-2所示)。可以看到和日本比较接近,我们衍生品也是可以说跟国际接轨了,将近40%,占到整体产值的一半。我们看和日本不同,我们手机我们手游的动漫,产值是23%,这个远远超过日本,日本通信互联网只有3%。

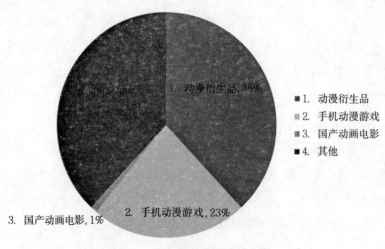

图5-2　中国动漫产业分布(2014)

看日本典型的动漫公司,我们看中国的奥飞动漫,现在叫作奥飞泛娱乐,这个名称本身表明它的商业模式的转型,通过动漫把整个娱乐产业都打通。奥飞和东映动画有很多相似的地方,整个公司的利润,动漫比例占比非常低,通过衍生品和授权占到它的利润高达80%。从中日宏观和典型个案看一下他们的动漫产值的分布以及利润的分布,我们几乎看到惊人的一点,相应的衍生品,还有版权授权收入都占到比较大知名动漫产业主要的利润。

二、IP变现的主体类型

中国和日本不同,日本主体大家知道整个日本动漫形成一个产业链的,这个产业链当中大家觉得有很多的形象,这个形象如果在整个产业链中分布,主要看最后谁拥有这个最初的原创作品的版权。日本是由一个制作委员会这样联合形成拥有作品的版权的,而这个委员会的构成有电影公司、电视台、出版社、制作公司、广告公司还有其他,我们看制作委员会主体的成员,已经覆盖动漫整个产业链布局的每一个环节,如果哪一个环节当中认为这个产品以后做成产业链不赚钱的话他就投否定票,这个漫画作品可能没有办法进入其中任何一个环节,这是日本从一开始可以说降低任何一个主体的投资风险。另外,让作品在每一个环节能够顺利的销售,让它的利润最大化。

中国跟日本完全不同,不是联合式的,是单打独斗的,是一些大的制作公司,例如传统的动漫集团,央视的动漫公司。我们传媒大学也跟国家艺术基金合作,办了动漫高端管理人才的培训班,招募了70家,全是中小微的企业,它就是这个版权的主体。另外还有电视台、央视动漫等。腾讯动画互联网平台自己拥有这样一个主体,腾讯动画自己也想制作委员会,它想用制作委员会来完成这个主体。

三、变现命门在哪里

模式不同主体不同,实际上有很多命门所在也不同,就是原创者的IP保

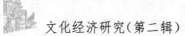

护,从日本成功中我们可以吸取经验和教训。20世纪70年代《小甜甜》这个作品一直被风行,东映动画改编成电视剧,最后因为原创作者的官司,没有像日本很多动画盛行,这个夭折了。

我们看日本法律保护方式就是很有意思,一幅漫画大家认为画画的人是主要原创者还是编写文字故事是原创者,日本案例当中漫画是二次作品,最早是文字性。中国的《大头儿子小头爸爸》,央视没有开发了,就是因为它没有做好法律保护。最后是不是有IP变现,我们泛泛看一下,整个我们姚林青教授所说立法是很不错,但是司法有问题,我提一些不同的意见。我们立法实际上很多是缺位的,比如说文化产业制定法我们没有的,我们真正在宪法表现自由,我们违宪判例比较弱。日本有很多文化政策,但是我们文化立法比较薄弱,我们电影产业促进法也比较弱。

四、未来和挑战

日本的知识产权保护做得太好了,但是在互联网还是没有打开,所以它在互联网方面比我们是落后的。刚才说制作委员会的主体在日本也有一种改变,就是有新的变现主体。我们中国现在主体也在改变,就是说刚才他们独立现在开始重合互相合作,比如腾讯动画。2015年日本自己学者称为2015年是日本互联网动画的元年,我们中国走在它的前面了。我们中国原创的保护,我想日本跟我们是一个借鉴。最后总结一句,我们可以看日本动漫产业已经把知识产权作为整个商业,不仅是商业模式,这可能是我们动画产业、动漫产业、整个文化产业创新的思路。

内容产业新模式

罗振宇[1]

逻辑思维作为一个在文化行业生存下来的小型创意公司,今年有三个心得。

一、内容收费成为新商业模式

第一、今年我们有一个强烈的感觉,就是想做基础设施的互联网创业时代基本结束。今年从年初开始我们就听到一片哀嚎之声,包括大的门户网站,包括大的电商网站,流量都在下滑。据我所知,淘宝的流量都一度在下滑。这件事情让我们觉得匪夷所思,中国经济这么好,整个互联网在转型,为什么会下滑?其实很简单,就是这个世界有一种资源是绝对刚性的。任何其他资源比如说能源,都可以通过知识的增进来扩张,只有一种资源不可能扩张,那就是国民的总时间,或者说从国民的总时间里提取出来的注意力。消费一升级,所有的产业都在消费时间。不仅仅是内容产业,包括旅游、艺术、健康、游戏、影视剧、咖啡馆、游乐园等。其实都在抢夺刚性约束的国民总时间。所以,这就给所有做文化产业内容的人,带来了一个诅咒,你做得再好都没有用,都在处于下滑的空间。我身边做微信公众号比看微信公众号的还多。全中国有2500多万个微信公众号,但是每天读微信公众号的人不知道多少。过去我们认为创意文化产业创业就是做基础设施,让更多内容来到自己的平台,让更多用户看到自己的东西,而现在这个前提假设可能要出问题。我们看到,百度越来越

---

[1] 罗振宇,自媒体视频脱口秀《罗辑思维》主讲人,互联网知识型社群试水者,资深媒体人和传播专家。

存疑,腾讯、阿里两个平台聚集了越来越多流量和越来越多的用户,想跟BAT博杀越来越不可能。去年我讲了一个假设,就是连接旧世界的这个任务可能已经结束了。但是这并不意味着创意机会结束了。它可能是在做好内容的产品部分,而不是获取更多的内容的流量。

所以今年的上半年,我们开始提出一个假设:直接销售内容有没有可能形成一个商业模式。过去市场认为这不可能,因为内容最大的价值释放就是依靠免费获得更多的阅读量,或者是观看后提升影响力,再把这种影响力拿到广告市场或者其他市场上获利。所以大家认为内容免费天经地义。但是今年我们在不同的角度,未经商量都推出了内容收费的尝试。目前来看这条路尚在,但是到底是大跑道还是胡志明式的小路,我们不知道。但逻辑思维判断这条路在。为什么?因为我们一直在做内容收费,我们卖书就是内容收费。收费逻辑是一直存在的。我们早上推出了2500块钱一套的莎士比亚全集,即使很多人当时搜不到主页,所有书在一个半小时内也都全部售空。买书形成300万一天的营收业绩,这足以证明内容可以收费。

今年的第一个思考就是感觉把内容当成货品是一个简单的交易模型,比广告来得更直接。更重要的是内容获取超级流量的时代结束了,越来越多的好内容都在耗尽广告资源。那个时代已经结束了。

二、产业跨界加速进行

第二个思考,就是怎样打造一个新产业。刚才讲我们今年的注意力都放在做出一个可销售的产品。但不是所有的内容产品都可以销售,我们需要一个找到产业板块漂移的过程。大家都知道,地球地壳是一块块漂移的板块,似乎很稳定,但是地壳边缘的火山喷发等都可以使它漂移,否则现在的南极洲就不会发现煤炭。在互联网推动下,大型的产业漂移正在发生,且在加速发生。所以过去我们讲产业跨界,好像野蛮人在抢夺资源,其实背后都是产业的漂移。我们为什么敢做内容收费?就是找到了一个产业漂移的加速切入口。过去的产业都是从生产者这一维度来定义,而今天的产业是从用户这边来重新定义。产业板块漂移的动力就产生于此。比如说同样是提供支持服务和内容生产,过去的产业分成了三个板块,第一个板块是传媒,第二个板块是教育,第三个板块是出版。在传统的产业格局里面这三个板块是不通的,是各走各的路的。为什么?是因为他们解决用户的问题,在传统的社会中是不一样的。比如说教育解决的是人类存量问题;出版解决的是跨界学习的问题、跨界知识结构的问题;而传媒解决的是跨界的碎片化知识的传播问题。所以这三个板块解决的是三个不同的问题,切割成三个不同的产业。今天,我们切换到人的角度来看,整个世界就会变化。产业融合就发生在这。从人出发,而不是从产业出发。比如说将来拍电影的公司,一定还是现在的电影公司吗?可能是做大的游戏公司。将来的汽车公司,未必是传统的汽车公司,也许是最好的电池公司,像特斯拉这样的企业。从用户的角度出发,你会发现世界在成长,我们就发现了这样的机会。旧的教育体系成立的第一个前提就是,人类的存量知识比增量知识重要。我们今天物理只教牛顿而不教爱因斯坦。即使爱因斯坦的学说出来了100年,但大家认为基础重要,爱因斯坦理论过深而不教。第二个前提是,整块时间的学习比碎片化学习更重要。第三个前提是认为专业学习比跨界学习重要。当前教育的这一套体系建立在工业刚刚起步的前提之下。工业刚刚起步时,会感觉人类知识总量过大,对人应该用这种方式来实施教育,但是洪堡想不到知识爆炸成这样,三个前提全部崩坏:第一是存量知识没有增量知识重要。了解新东西比多背一首诗意义大多了,你要不知道人工智能发展方向,都不知道自己的发展路径。过去都是父母教育你,现在都是我们教父母用手机,年轻人获取的知识比老人快。第二就是碎片化学习成为必然,虽然我们做图书,但是去年我们感受到用户读书的能力在大幅度地衰弱,没有人有时间读书。微信,手机,一点资讯等,所有这些工具把它的时间,像绞肉机一样打成碎片。如果没有一种产品做成碎片化时间的教父,就是不尊重这个时代。第三就是跨界。我们说高中分文理科,大学进一步分科,工作单位进一步分科,你的知识学习是专业路径攀登,以获取你的专业地位。但是我们现在干的活跟大学的专业有什么关系?跨界获取知识,成就自己,成为知识的游牧民族,不断迁移,没有家,成为未来知识获取的方式。没有人有专业,专业的水平恰恰取决于你横向地击穿专业壁垒的能力,这是未来学习的场景。所以教育也是这样被颠覆掉。大家都明白,一个孩子如果只考取二本的学校,父母无非是供他打四年的游戏,泡四年的妞。那四年的学习生活,人生有效性被抑制。其实出版和传媒一模一样,它是工业时代的解决方案。无法适应新的时代的需求,去年开始我们做的一个产品叫得道,一个APP,一小步一小步的测试。我们没有推广,也没有在市场上花钱,当然我们的数字很小,我们只有200多万的下载量。但是收益还可以,到目前为止,我们共计挣了6000多万。这个APP,就是做小型的知识销售。找人给你讲一本书2块钱,把书压缩成5000字,1块钱。今年,我们推出订阅产品:《通往财富之路》,还有《王朔大学问》,销售很好。于是,我们突然发现有一个机会窗口在打开。可以生产一种知识服务产品。这个产品是只供给增量知识,而不是说把存量知识那一套知识体系交付给你。第二、碎片化的给你。第三、人格化的给你。第四、用全年订阅的方式。大家买的不是知识本身,它还附加了一个价值。就是跟随一个自己信任的人格完成未来意念的成长。比如说《李强内参》,我们买的价格是1400多万。他是一个三人团队,可以营收接近1000万。他不用做广告,但他可以踏踏实实的只对自己的用户负责,生产高品质的内容产品。所以这是对内容生产坚强的保护。但是用户获得了极大的利益,每年5毛钱,你就供养了国内顶级的一个传媒人,他可以每天勤勤恳恳、毫无杂念地生产你所需要的内容。这是双方共赢的。

三、时间资源开发成为新的价值增长点

第三点就是,什么是产品?很多做内容的老师,水平非常高。但是他心中没有产品这两个字,不明白产品是什么。产品是针对用户心中特定的疑问和文化提出的方案。昨天苹果手机发布,说苹果防水。一般人可能无感,觉得这只是一个防护性措施。但是昨天我发了一条朋友圈,我说苹果太凶残了,这就等于剥夺了我最后一个独立思考的时间——洗澡的时间。这意味着可以在洗澡的时间使用手机,它会让我洗澡时间变长。所以很多做内容的人说这是防水是工程,但不是产品。我写了好字我花时间做了一个报告,为什么这样的产品不能收费?因为它没有解决已知问题。这个问题必须是用户本身的痛点,

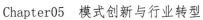

一旦产品为已知问题提供解决方案,那么非常容易达成销售。昨天有一个国内的老师说,我开发了一款非常牛的儿童智商提高的方案,问我能不能卖,我说不能,我说你有点像吹牛。你没有说你是怎么样解决用户已知的痛点问题,那么它就还不是个产品。一部电影是解决一个痛点问题。当然这方面,逻辑思路做的也不是特别好。我们也是一点一点地摸索,想一个产品的定位。总而言之,回到今天的会议主题,文化产业一定是一个大产业。因为中产阶级这一轮消费升级的本质不是把好的东西卖给有钱人,那个时机早已经过去。他们该买的东西,前期早就疯狂过了。房价现在这么高,空间资源可开发空间也不大。所以我们CEO举例了一个例子:他家生了一个娃,送了一块金砖。上面刻了张德乙(音),这块金砖不能卖,因为上面刻了孩子的名字,也没有办法送人,还担心被人偷,因此它一辈子得锁进保险箱,卖不了,也因此成了一个负担。这就是过去非常典型的礼聘。但是这个时代,围绕空间资源开发的时候,它就变得尴尬,这个时代真正有价值的商业的增长,全部是围绕时间进行的让优化中产阶级的时间,让他们的生命时光变得更好,这就是文化产业的主题。所以在这个意义上,无论你是做内容、电影、空间、还是博物馆,还是兰境博物馆,或者说郎园产业基地,本质上都是同行。在此,恭喜各位同行!

文化创意新时代，知识网红的认知变现之路

杨 璐❶

一、分享经济——未来经济发展的趋势

网红经济在 2016 年达到 8 个亿，2018 年预计会突破 1000 个亿。大家都认为这是一个风口，或者金矿。未来最大的商业模式其实是基于人的。在今天，几乎任何物质的产品、商品都唾手可得。我们能够足不出户就可以得到。但是物质发展到一定程度后，我们可以兜售什么？这个时代呈现出这样一种趋势：分享经济是一大热浪。在这样的背景之下，我们分享的不仅仅是现有的资产，房子、车和物品。我们会发现知识也在盈余，这就是非常个性化的独立的需求。如果这样的工序可以对接，它可以成为一种商业价值或者发展趋势。人们不仅仅对于物品的消费审美在增加，人们对于知识本身的获取、审美也在刷新，水平在提高，识别度在不断地增加。从供给端看，许多拥有大量知识或者说有内容，有价值内容的人，内部剩余越来越多。

随着这样一种需求的出现，我们会发现有很多可以结合的地方。很多品牌关注 90 后的消费需求，关注他们对消费这件事情的认知和识别。之后我们发现大部分的年轻人不再把追求物质成功作为人生追求的目标，很多人开始专注可控的小细节，开始提升在当下可控的时间、空间、社交圈里可以有更好的体验。他们对当下体验的追求，对当下的把握，远超过我们 80 后、70 后，甚至60 后。这群人在用他们的认知改变这个世界，甚至影响前一辈人。

---

❶杨璐，在行分答联合创始人。

所以当更多的人不把追求物质的成功作为自己的目标，而是追求更多其他价值实现的时候，对这个个体，更好的内容分享就变成一种刚需。刚需是基于人们本能的心理层面的，由内而外形成的。之前在分答上线时，我们组织过一个活动"生命"——分答产出的一个问题——如果你的生命只剩下最后60秒，你会对这个世界说什么？后面回答量超过20万人，他们分享了关于生命最后遗言的语音。之所以有那么多人愿意参与这样一个活动，是因为这是一个基于人生价值和意义的思考，而且很少有人去思考生命的本质和意义，我们可以给这个世界带来什么？我可以在这个世界留下什么？这样的题目反映了真正的价值观转变。另外一方面，现在进行的第三次工业革命，最大的一个特质就是，把人们从市场重复劳动解放出来，让他们投身于文化活动。追求超然的目标，这绝对不是一个理想中的精神文明建设，而是扩张饱和下追求的精神需求，这是我们追求内心满足的趋势，它对应的是非常私人化的需求。在今天，以人为核心，不管是机器读取的，还是被切割出来的时间，都可以聚集，可以筛选、提炼、加码，这些都是内容创业努力的目标。

二、知识网红——未来经济发展的形态

"在行"自从去年三月创立以来，加上孵化出来的"分答"，都是对应这种松散的个体之间达成的直接交易，个人与个人之间信息的直接交易。我们把这叫作知识经济。如果要说知识分享不是一个新名词的话，那么从早期的维基百科，到果壳、豆瓣提供的都是一些知识分享形态的产品。但是真正的知识分享经济，的确是从去年拉开了一个序幕。我们成了这个行业的先行者。"在行"提供人和内容关联人之间达成交易形成经济效益，形成这样的一种商业模式。我们相信知识经济加上粉丝经济，也就是说真正拥有知识和内容的人，当他的内容IP可识别之后，它完全可以形成一种新型的形态，叫知识网红。知识网红就是围绕知识经济特征来进行的。一个是内容的IP化，一个是内容化符号，一个是社交分享，前两者都是可识别的内容。拥有价值提供的人，能够形成多数的粉丝，当投射与共鸣产生的时候，粉丝会觉得，我获取、转发时可形成自己的价值观，可与自己志同道合的人进行交流，就是前面识别所完成的。后

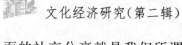

面的社交分享就是我们所谓的流量,我们用这样的内容获取更多有共鸣的人。当志同道合的人形成一个大的社群的时候,它的机制就已经扩散,流量就具备了。同时具备这三个基因的就完全可以成为一个知识网红。

在创业之初我们就遵循两大原则。第一是,我们跟罗辑思维有很大区别,罗辑思维在卖内容,而分答在卖人。我们把一个人富裕的时间进行不同的维度的分答切割进行时间收买。它是以人为核心。以前很多社区创业都是先做社区,带来大量的流量,免费杀入市场,然后再进行变现。但是"在行"和"分答"都是以时间为切割点,构建起衔接的一个过程,它是一个典型的交易型社区。第二我们认为知识本身也是服务。大咖的时间很难售卖,这是因为他的很多服务意识不到位,大咖没有对普通人痛点的感受。但是很多的中咖能够成为"分答"非常热卖的行家。为什么?因为他的服务意识极好,中咖能够有更多元化的提供价值。这就是知识与服务交合。把知识提供给用户,成为用户买单的商品。"在行"售卖的是一个小时的时间,现在有1万人入驻。申请通过率非常低,因为审核非常严格,每天有800次的交易,客单价400一身。因此,这种形态有着比较的高门槛。首先要求的是一个小时的时间,时间非常少的人就很难成为行家。另外交易价值在400一身。所以这也不是一个非常容易,能让大家直接跨入的一个门槛。在这样一个形态下我们从职场、互联网切入,但是引入不同的心理、教育,后面将会看到这些趋势。其实,前两个切入的端口品类有下滑趋势,后来的心理咨询这种咨询行业,生活休闲行业呈现一个上升趋势。

知识如何定义?我们也被反复挑战论证这个问题。A觉得我听情感问题就是知识。B可能认为庸俗。但若用户得到共鸣的感受,觉得体验有价值,愿意买的时候就是个性化的知识。我们反复强调的就是这个时代下个性化知识的重要性。举个例子,中小咖中的一个代表,他是一个千单行家,他是一个典型的斜杠青年,个性融合强烈,所以上线不久,就已经破了千单,而这完全靠口碑传播。像这样的人,是越来越典型的行家,其实他并不需要一个主营工作,他可以成为变现能力强的自由职业者。现在已经有5600万的职业人口是自由状态,中国这样的人口还不到1/20,所以可以想象,未来,人们越来越在意自己是否有自由的支配时间,越来越多的人投入到这样的变现方式,投入到让自己活得更加自由的方式当中。从这方面来看,平台的重要性就可以凸显。我们孵化的另一款产品"分答",借鉴了国外的模式起家,在此基础上做了创新。第一就是付费60秒语音,它结合了很多韧性的本质。比如圈子内的真心话大冒险的欲望。另外别人花100块,我花1块就可以听到的占便宜的心理。我们上线不到2个月的时间,累计50万个语音问答,超过了1800万的总订单额,每天19万的付款,和43%的复购率。这是非常难形成的一个数字。我们也在其他领域,包括教育等不同的垂类挖掘市场。这里面形成了很多典型案例。崔玉涛是育儿的专家,他在上线之后,短短几天,回答了450个问题,创造了十几万的收益。以前,他是协和的一个儿童医生,一天的时间就算排满也不能解决多少问题。但现在他的回答可以被上万的人重复地提取。而他创造的收入——整整17万全部捐助给了航空基金会。

我们发现一个新的模式的诞生,个人时间有限的人可以通过一种新型的技术模式窗台,把个人的时间扩散,让别人利用。它是一个造福于人也造福于己的事情。我们发现,除了罗振宇老师在内的10个名人,回复在60、80%左右,其他的在80%以上,外界认为所有的流量都在头部,其实不是这样的,刚需反而集中在垂类的市场。也就是说,真正有价值的内容和真正可以提供内容的答主,他们的口碑可以创造扩散和黏性。所以在未来,人们在提取知识和信息价值这一方面,会出现完全不同的场景。如果说最早的果壳网是提供公共化的客观知识的获取,那么"在行""分答"一直在走的路径就非常持续。比如说慕课是一对多的服务,一大块的整块时间的服务。而"在行"的一个小时一对一,就是个性化的内容服务。我们也会提供类似15分钟解决的知识信息服务。此外,也有一个长语音的服务,甚至是一分钟的问题回答,也可以无限放大,都是根据用户体验需求的模式。它不局限于任何形态,这就是"在行""分答"一路走来的过程。最后也引用一句话我梦境中的一句话,叫"美好如你,怎能不被分享"。不管是什么样的一个品牌,如果要被称之为品牌,就有共性,你在初衷就有理想。那么如何标绘我们的理想呢?如果我们把剩余的知识价值拿出来分享,这个世界将变得更加美好。

电影的工业属性与手工业属性

陈洪伟❶

腾讯总部在深圳,研发的团队在北京CBD。实际上对腾讯而言,电影也是一种新生业态。近两年来,电影行业发生了较为明显的变化,电影公司如雨后春笋一般,电影成为互联网企业标配,成了一种潮流与趋势。相比十年之前,影业已经成了互联网的标配。同时也成了很多钢铁煤炭企业的标配,地产企业的标配,诸多企业的标配都是做电影,这是一种潮流和趋势。

当前影业众多,但电影到底该怎样做,这是当前电影业面临的一个问题。影业初入者进入初衷都很美好。经过剧本、拍摄再通过ABCD四轮融资,推动大概念上走,特别是自去年开始,大家都心花怒放做影业,大家热情高涨,热钱高涨。但今年大家开始冷静,电影市场下行,电影票房低迷,百万投资资金血本无归,如梦幻泡影,上市遥遥无期。原本投资者期待漫漫,大量资金、人力资源投入电影行业,仅暑期3个月便有100多部电影上映,但有人看并使人记住的少之又少。

从我自身十年来的经验来看大众对电影本身及其基础概念的理解多样,从而导致了对拍摄电影存在盲目性。电影,看似遥远,实则简单,它依靠的就是工匠精神和工业体系。很多人没有想明白,电影是艺术还是商业。我是制片人不是导演,我很少用一个词,制片人中心制。但是我听过,这是制片人中心制,导演中心制。我没有想过中心制这件事情,大家会想,谁中心,个人追求,独立电影。但是有的时候独立电影没有出路。其实你发现为什么大家探讨电影的时候有这么矛盾的冲突,它为什么会有这么强烈的对立,而且对立存在于

❶陈洪伟,腾讯影业副总经理兼大梦电影工作室总经理。

每一个角落？

　　我们做项目开发看到电影这种冲突永远存在。为什么？为什么电影会这样？我觉得电影是复杂纠结。那么为什么这么复杂，我从两个角度来看。两个为什么复杂，是因为它存在的两种状态，电影非常有意思。比如说我盖房子，非常简单，这就是一个生意。如果我生产一个流水线，生产日化产品，洗发水、牙膏，你有你的生产线，但是电影是一个文化产品，你摸不着，看不见。消费是什么，消费者花钱买的载体是电影票，是坐在座位上的消费，所有的消费过程在虚空，你可能觉得饿，但是不饱，不会对你产生物质上的变化，也不会让你在物质上有改变，这就是文化消费，它有一个文化属性。不能用标准化的生产和创作相提并论的。电影做好的关键就是工匠精神，做电影细节。举一个最简单的例子，有一个政协的片子，7万块钱，其中有4万是因为最后的男主角折了3万块钱。《阿凡达》投入2亿美金，那也是电影，几万到几十亿都是电影，为什么？因为它是艺术创造作品的存在方式是以不同方式呈现的。

　　其中一个就是作坊，那里的导演，那里的任何一个从业人员，你去探班就会知道，跟一个农民建筑工地没有区别，在中国的剧组里面，所有打灯的都是河南师傅们，美工设计都是来自于中原小村落的小兄弟们，没有区别，听着高大上。但你知道完成电影的都是农民兄弟，任何在中国的电影都是一样。好莱坞也一样，他们无非是蓝眼工人，少到几十个，多到几百个的作坊是我们必须要面对的。生产电影的单元充满手工性，不确定性。一个银饰挂饰纯手工打造，几十万，而电影自制作每一个环节都是手工，中国很多电影人不愿意面对这件事情。大家都谈工业，说你看我们有庞大的影视帝国，可以买。做电影这件事情最核心的部分，是要下地干活，你得去剧组，得找一个编剧，不行你还得找别人，在这个创作过程都是充满着不确定，由未知的一小撮人来完成，不管你背后有多大的，必须要手工，这是不得不面对的问题。他们到底考虑什么，他们需要安全感，他们需要空间和环境，他们需要充裕的资金，而且这些资金，钱要懂他。但是需要时间，如果导演要拍一部电影，咱们今天聊一个剧本，剧本什么样不知道。三个月之后开机。不可能，它都有自然的规律，需要灵感。

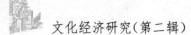

有时候你发现,一个东西放在不同导演手里完全不一样,同一个故事的表达方式都不一样。它需要有独特的东西,这是艺术创造,这个本质上和画些东西没有区别,甚至好多人说这不是艺术片、商业片。我做一个电影做好的时候,做的过程一样艰难,你不能确定它的续集好。因为每一集都是艺术创造,因为1的创造让2有优势,所以它有不可复制不可量化的属性。我觉得这是很强化的一个属性。它必须强调工匠精神,强调独特的思考和个性,未必是艺术片的趋向,有时候也是做商业片的思维。

从生意角度来看,这个工业体系是电影做大的观念,这就不是创作了。这讲的是做公司,你做一个企业,进入电影行业,做电影,到底什么是顺应电影产业的一个工业体系?你要让他可以复制、量化,你让他还能成功,你不能说就靠一个导演,我们国内的公司可能10年靠一个导演,上市或者赚取利润,如果不合作了,你会发现不行。你会发现,要做一个电影公司,要准备可复制可量化。但是如果这样去做就意味着你没有时间、个性、没有充裕的资金让一个导演展开无限的想象创作,这是矛盾的。这是从创作和生意的角度看电影的两种属性。生意的角度也非常清晰,它必须对这个创作有信心。作为一个经济人,作为一个老板,你得知道这件事情可能要做成的概率。你看很多企业有大数据分析环节,就我的个人感觉很多时候是除了你骗别人,还骗自己,骗到都不相信这件事情。一个电影的创作,是那么的不可量化,你用一些大数据,把这些事情搞定,那这些事情太美好了,那可能好莱坞600个大公司了。不可能!

那我们怎么认识这个事情两种方式的对立呢?从我的角度来说,你要用工业体系,做生意你要用工匠精神。这是在行业里经常出现的。新出的一个小公司,可能核心资源真的就是一个导演,一个编剧,但是它告诉你它有大工业体系,因为他不搭体系没有办法拿钱,他拿一个反复的东西,自己相信,两年可能一个作品都没有出来。做生意用工匠精神,我是一个大平台大公司,但是我喜欢大导演把他们签了,只要把大导演一签,我的公司一定很有发展前景,未来都是我的。可能吗?不可能。首先,你会发现这两种交错的时候,往往是非常容易混淆和混乱的,我们现在这个市场里面很多从业人员都是不明白,不同的环节怎么处理,工匠精神和工业体系。这是我们从公司成立,从我做这个电影项目的时候,我自己切身思考的一个现实的问题。我们可以看到很多样本。我们看到中国电影的公司。你会发现很早的一些模式,特别大的公司,做过辉煌业绩的但是现在已经烟消云散了,没有这样的公司了。比如说之前做《满城尽带黄金甲》这个公司没有了,项目也没有了,就因为一个导演的离开。不管发展到多大,50亿、100亿,它就是一个作坊,不管上市与否。我们还会看到很多的公司,都是老板一个人来做,产品经营。他说了算。所有的电影项目,他喜欢的做不喜欢的不做,那是作坊的操作。

　　我们也还可以看到,很多家很大体量的公司他们希望寻求发展但是没有机会,小的公司更没有办法突破,那么我们能以什么样结构组合生产资源,其实我的理解是,一个电影的公司,一个平台性的营业公司,它是成长的大树。这个树是一个主干。我们所有的配套的资源,包括需要的安全感,需要的资金,我通过主干给他们。我搭建一个关联结构给不同的创作者内容。我说的并联,是因为在这个树的上面不能依赖一个导演,一个导演就是作坊,就变成纯手工业者,当你有20个创作单元的时候,你会规避风险。创作单元可能会有20个制片人,或者是导演、编剧围绕在我周围,和我有良性的互动的关系。他们并联产生互动的时候,你搭建这样一个体系,你就可以让你的电影项目不像现在我们做的时候,拼凑出一个剧本找导演,找投资。电影不是这样做的,电影是创作资源在树上的时候,他们会发生创意并有想法出来,我们是让这些想法慢慢变成现实,变成一部一部在大荧幕上映的电影。就像每一个创作单元是一个小苗,它需要得到尊重和爱。但是不能把阳光水给一个苗,因为我们是大工业体系,我们需要源源不断地提供好的产品,我们不能只有一个导演一个人,他们的重要性只是一个单元。只有这样你才会经得起风险。某一个导演的剧本折了,你可以说明年咱们再来。但是因为他没有产出,你别的地产,足够让你在这个市场有你的一席之地,生产空间。所以搭建这样一个体系,每一个创作者既能充分沟通互动,每一个创作者也会被重视。但是这又是一个生产体系,让不同的创作者在你的体系结合,我认为这是成功营业公司的模式,我在中国很少看到这样的样本,我很少看到中国的营业公司是按照这样的结构搭建的。比如说我们都是好莱坞的体系,您做电影就是作坊了,您用好莱坞体系那句话是不匹配的。每一个电影都是好莱坞体系，我说的是一个简单的道理。但是中国的电影公司没有这么做。就是我做了电影院，做项目开发，做电影项目，制片人，在腾讯平台再来看的时候，我们的电影公司在干什么，大家怎么思考，或者如何控制自己的分享，如何把控你的项目，面向市场的时候，如何控制风险，让你的项目茁壮成长，大家在结构上是怎么搭建的。没有人教我们怎么做。所以我才有了刚才的思考。这些思考也不成熟，也是我们现在在做的。我们希望影业可以是这样一个主干的树木，我们可以有足够的项目向这个市场体系。我们不希望输出一些挂羊头卖狗肉的果子。我希望苹果就是苹果的味道，香蕉就是香蕉的味道，我希望生产不一定多么好，但是是自然生产没有太多的添加剂和花费的好的农作物产品。

万达的转型与创新

胡章鸿❶

当今经济社会发展的大潮中，英雄辈出，豪杰奋起，但万达绝对算得上始终屹立潮头不多的冲浪者之一，万达头上缠绕着许多耀眼的光环，新闻看点不少，并为大家所津津乐道。令人感慨最多的是这个成立于1988年，当时只有30个人，连注册资本100万元都是借来的，大连市西岗区住宅开发公司的公司，仅仅只经过28年的发展，其总资产已达到6340亿元，收入2900亿元，翻了6亿3000万倍，列财富世界500强的385位。

一、万达转型史

万达历史上经历了四次转型，其发展历史始终与转型相伴，可以说万达的成功就是转型的成功。第一次转型：1993年由地方企业开始向全国性企业转变。1988年万达集团成立，立足未来，1993年第一次跨出大连进入广州，在持续总结"走出去"的经验后，1998年最终大规模走向全国。第二次转型：2000年由住宅地产转向商业地产。第三次转型：2006年，由单一房地产转向商业地产、文化旅游综合企业。第四次转型：2014年，万达集团在空间上由中国一流企业转向世界一流跨国企业，企业战略目标发生了根本变化；在内容上由房地产业为主的企业转向服务业为主的企业，形成商业、文化、金融、电商四个支柱产业，企业产业性质发生根本变化。

---

❶胡章鸿，万达文化产业集团高级副总裁。

二、万达转型的关键时机

宁在高峰调头，不在逆境转弯，作为企业家，应随时观察经济发展走势，判断产业发展方向，把握企业未来发展的运营。要坚守还是要转型，转还是不转，何时转，怎么转，无时不在考验着企业决策者的智慧。万达每次转型都发生在企业业务发展的高峰期，1993年，万达在大连的房地产销售收入超过20亿元，占当时大连房地产销售额的1/4左右，继续往上做的空间有限，充其量也就是个大连"老大"，为了做大规模，万达决定跨区域发展，实践证明这一步走得非常对。如果当时没有勇敢地跨出去，就没有今天的万达。

2000年前后，中国住宅开发市场如火如荼，供不应求，房地产从业者各个赚得盆满钵满，不断加大对住宅房地产的资金投入，还有不少人从其他行业转投房地产。此时，万达住宅年销售量也实现了从百亿向千亿的跨越，即便如此，万达却已悄然转型商业地产。迄今，万达商业模式的模仿者蜂拥而至，各地大型购物中心如雨后春笋，自2006年房地产开发高峰局部已出现过热，而此时万达又已决定试水文化旅游产业，文化产业收入达到350亿元，是中宣部公布的全国文化产业的30强第一名，收入总额是第二名至第十名之和。万达的经验是洞察先机，以成熟产业的优势弥补转型产业的风险，不用瞻前顾后，左右平衡，使转型更加从容。而如果在逆境中转向是迫于形势的无奈之举，市场走势下滑，生存压力增加，彼此竞争激烈，腾挪空间变小，可能转是早死，不转是等死，陷入顾此失彼的境地。

三、万达转型的内在动因

万达转型的第一个动因是确立新的竞争优势，现在万达在全国不动产业的行业地位可以说只有第一，没有第二。2016年万达将开业55个万达广场，增加持有物业面积超过580万平方米，万达持有物业面积将达3000万平方米，成为全球持有物业面积最大的企业。但这样的发展速度还不够快，万达已开业109个万达广场，对一个企业来说已经够大，但是对于近14亿人口的中国市场来说还远远不够，万达要获得更大的竞争优势，就要进入别人都不敢入的三四线城市,实现中国的大中小城市的全覆盖,占领所有的物理市场空间。万达进入其他行业,如文化、旅游、体育等,战略目标是具有压倒一切的竞争优势,要排斥所有的竞争对手。

万达转型的第二个动因是寻找不受经济周期影响的行业。全世界的经济发展都呈周期性波动,这是必然规律,经济周期汇兑房地产这种典型的周期性行业带来致命打击。中国房地产业经过1993年到1995年,2007年到2008年这两个下滑周期,企业生存非常困难,但是万达转型的商业地产,可尽量减轻甚至避免经济周期的影响。而文化体育产业更没有明显的周期性,有时候经济低潮期恰恰是文化体育消费的高潮期。况且中国房地产业已经出现拐点,随着中国城市化的高速发展逐渐接近尾声,房地产的整体供求关系趋相平衡,房地产的规模和利润将大大萎缩,转型不可避免。

万达转型的第三个动因是积极顺应国家战略发展要求。中国经济迫切需要进行结构调整,经济发展模式由投资主导向消费主导转型,如果中国的消费率达到发达国家的平均水平,中国将成为全球最大的消费市场,不仅GDP总量将翻番,宏观经济也会更加稳定,综合国力将进一步提升,人民生活水平也必将迈上一个新的台阶。而万达目前的四大支柱产业都是国家倡导的现代服务业,符合供给侧改革的要求,既扩大投资,又扩大就业,还扩大内需,样样齐全,全面开花,顺应了国家经济结构改革的战略要求。

万达转型的第四个动因取决于万达企业文化基因。万达是一个不停折腾自己的企业,从创立以来短短28年来,已实施四次转型,不断改变和超越自己,取得了巨大的成功。因为只有保持梦想和追求,不断创新求变,不断寻找更新、更适合企业发展的商业模式,才会有更长远、稳定的现金流,才能获得更高利润,企业也才能基业常青,达到国际万达百年企业的宏伟愿景。持续、创新、求变是属于万达的企业基因,浸透在每一个万达人的骨髓里,贯穿在他们的思想行动中,持续创新是万达人的意识。

四、万达的转型与创新的具体实践

创新其实并不只是高科技研发的专有名词,应该是指一切打破框框,突破边界,甘当风险,先行先试的创举行为。万达的每一次转型都和商业模式的创新息息相关,万达的成功就是转型的成功,也同样是创新的成功。现在几乎遍布全国的万达广场无一例外都成了当地的商业中心和城市地标,这一商业模式不仅在全国成为众多追随和模仿的对象,也成了美国哈佛商学员的经典案例,为国际商业精英们所津津乐道。万达在2001年建设的第一家电影院,正处于全国住宅开发如火如荼,商品房不愁买的阶段,没有人想着去做电影院,也不知如何着手,而万达敢于创新,现行先试,并坚持了15年。现在万达院线不仅是全球规模第一的电影院线,还拥有电影产业的完整产业链,包括从影视基地、制片、发行、放映到电影节的全部内容,在全球独一无二。

儿童连锁娱乐业是万达首创的业态,结合儿童教育、零售、美食等,万达儿童连锁娱乐分为两个级别,小的面积五千平方米左右,叫"宝贝王",大的面积五万平方米左右,叫"儿童乐园",万达已委托全球5家知名公司,研发了86种儿童娱乐体验产品,万达全部买断知识产权,现在已经有60家开业,经营业绩非常理想,成为万达产品链上非常重要的组成部分。

文化旅游城是万达产业集大成者,凭借万达多年在商业、文化、旅游产业积累的丰富经验,创新的特大旅游产业综合项目,具有项目创意、世界唯一,万达拥有知识产权三大特点,每个万达旅游城总投资超过200亿元,包括大型的室外主题公园、酒店群、大型舞台秀、酒吧街等内容,现在已有合肥、西双版纳、哈尔滨、青岛、无锡、成都、重庆、桂林等12个文化旅游城项目,近期还将随着国家"一带一路"战略计划,在印度和法国各建设一座万达文化旅游城,将中国文化大规模推向海外。

万达于2012年正式成立中国唯一的文化旅游规划研究院,专职负责整个文旅产业的发展研究和文旅产品的开发设计,一共300人,其中一半是外籍人士,包括十几位世界大师,万达全部12座文化旅游城项目的概念、创意、创新、策划、规划设计、节目制作、演艺编排等均由文旅院承担,迄今累计获得全国和全球知识产权及专利共4219件,被科技部、财政部和国家税务总局联合评定为国家高新技术企业。

基于万达院线和万达影视令人眼花缭乱的全球并购后,万达体育也许是万

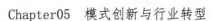

达诸多并购光环中最耀眼、最新的一个，此中同样充满着奇思妙想的思维，这已经不仅是战术层面的问题，更涉及战略方向及高端机构的组织合作问题。

至于万达创新工作的结果如何，在不久的将来，大家一定会看到万达带来的新闻热点和事件看点，及其给中国经济社会发展产生的有益推动和影响。届时，万达的发展必将跃上一个新的台阶，向实现万达的世界梦迈出坚实的一步。

博物馆和剧院领域中英两国的合作机会

康岚·罗彻❶

　　BOP创意产业咨询公司,在伦敦爱丁堡和上海都有分部,公司涉及的研究领域包括创意产业相关的各个方面,涉及的项目包括众筹相关业务、版权交易、博物馆剧院相关的项目以及更多数字媒体相关的业务。此次希望能够帮助英国的企业更好地了解中国市场的需求和业务发展的方向,希望能够帮助中国的合伙人更好地了解如何能在国际市场上开展业务,今天主要要介绍的主题是在博物馆和剧院领域两国的合作机会。

　　众所周知,近些年来,中英两国在文化交流以及文化投资方面进入了非常好的黄金时代,中国近年来在博物馆剧院方面有大量的新的设施投资,而英国的文化底蕴也亟须更进一步的推进国际化进程。但两国相关领域对于双方可以合作的机遇认知并不宽泛,希望通过这一次的研究,帮助两国的合伙人发现合作机遇。

　　中英两国主要有四个具体的潜在机遇合作的方向,包括受众发展、商业盈利、内容运作、设计实践。两国目前正在经历不同的关于受众体验和交互的阶段。

一、受众发展

　　中国近年来建立了大量的新的博物馆和剧院场馆,急需培养长期稳定的受众。而英国受众对于文化消费的体验更加成熟,非常清晰地知道应该如何享

---

❶康岚·罗彻,BOP创意产业咨询公司中国区总裁。

受文化设施为他们带来的精神便利,数据显示,2015年有将近80%的英国人口主动参与长期的文化活动。英国的文化机构对于受众的定位、定性、定量分析技术有着非常成熟的经验,很多机构通过系统的分析来更好地理解受众的需求。但英国文化机构面临的问题是缺乏跨行业的、详尽的技术基础设施建设来帮助他们利用大数据的技术,用更现代化的方式了解受众,在这一方面中国则更好地认识了大数据技术的价值。

因此我们认为中英两国在建立基于数据的受众分析技术方面有可能进行更加紧密的合作,英国与中国分享其长期以来进行受众分析的基本方式,而中国可以在大数据技术基础设施的搭建和技术的应用上给予英国支持。

二、商业营利

根据研究,英国财政对于文化领域的人均投入是中国的四倍。在这样的基础条件下,英国的文化机构面临着严峻的财政削减压力,因此必须通过主动调整战略和运营方式来增加运营收入。

英国大部分文化机构获得的政府资助低于其总收入的30%,文化机构要正常健康地运营,要做的是将原本的文化场所在一定程度上转型为商业场所。而中国对于公共文化机构商业运作盈利的环境刚刚起步,通过文化机构盈利也不是大家能够习惯和接受的方式。因此在双方共同提升商业运营能力的同时,可以紧密合作,实现文化场所运营与商业场所运营的有机结合。

三、内容运作

英国拥有丰富的全球临时展览、巡回展出的经验,而中国近年来在国家文物局的倡导下,也逐步推出并接纳顶级国际巡展项目。在英国,戏剧剧目的数字化大受欢迎,商业运营财报显示其盈利可观。研究表明,相对英国受众,中国受众对于数字文化的接受度更高,在英国被证明成功的模式相应的在中国也有非常广阔的市场空间。数字化戏剧录制、制作与发行的成本较高,对技术的要求也相对较高,如果中国的观众和市场对数字戏剧作品的接受度高,同时中国又拥有数字化的经验与技术,那么两国可以实现简易的资源共享并通过分享最佳实践案例来支持数字戏剧作品的制作和分发。

四、设计实践

中国在文化领域的数字科技应用的发展状况良好,英国在利用技术提升展览设计的体验方面经验丰富。英国拥有大量的建设、整修剧院的经验,在这些大型的建造项目当中,英国的文化机构通常聘请专业的技术顾问和设计师对具体的建造和技术指标给予支持。中国近些年来,建造了大量新剧院,但大部分剧院,尤其是二、三线城市的中小型剧院,在技术设计上都存在着问题。因此中英两国在设计实践领域也有较大的机遇来展开紧密合作,英国可以利用其丰富的设计、技术经验帮助中国剧院及博物馆领域的设计和建造。

版权保护与音乐产业关系的实证研究

姚林青❶

　　版权制度一方面推动文化产业发展,保证文化产品创意通过市场充分实现齐家治,使版权形式成为文化产品创意交易的有效载体。另外一方面制约文化产业发展,恶化落后国家的国际文化贸易条件,减少社会对于文化产品的需求,影响文化产品的供给。关于这方面文化产业发展和版权制度关系有学者进行了研究。彭辉等研究了2006年56个国家的数据分析版权贸易和版权制度的关系,最后实证研究结果是倒U型的关系,也就是随着版权保护制度增强,版权贸易是正相关的,过了最优点以后实际上保护贸易和保护强度就是反向的关系。

　　对于这个问题,在文化产业是大领域,文化产业里面有很多细分产业,在这里我主要谈谈音乐产业。音乐产业和版权保护之间到底有什么关系?我们也想用实证研究方法研究一下它们一直是正相关,还是它不存在相关性。因为很多人有一种误解,一说到版权保护就是文化产业创意产业,版权保护强一定有利于创意产业发展。于是我们做了计算版权保护强度的研究。我们用了国际唱片协会的统计报告,统计了36个国家音乐产业的数据,并对36个国家版权保护强度进行了测算,这个版权保护测算有一个指数,指数是从立法强度和司法强度两个角度测算保护强度的指数。这个指标体系的设计我们延用前面彭辉他们的测算方法并得出一个结论,在2008年到2010年,从世界整体趋势来看版权保护强度一直在不断的加强、不断上升。我们国家的版权保护分立法保护和司法保护。中国立法保护强度还是非常高的,但是到了司法保护强

❶姚林青,中国传媒大学媒体管理学院教授,硕士研究生导师。

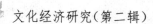

度我们执法情况来看我们差很多。所以我们得到一个结论,就是从中国数据来看我们中国立法保护5.905指数和整个36个国家平均指数5.795相比是高的,我们立法各方面比较健全。但是我国司法强度跟整个平均指标有一定差距的,并且这个差距导致我们整体的保护强度的指数在36个国家中已经处于倒数的位置了。也就是说,实际上我们中国版权保护问题不是立法而是执法问题。

这个从2000年到2013年国际唱片协会公布世界唱片统计数据的报告里,蓝色柱状部分把音乐产业分成三部分,分别是物理唱片、数字音乐和表演权收入。所以我们看到由于表演权收入占的比例很小。我们对物理唱片和数字音乐这两部分进行了回归分析,可以看到一个趋势,物理唱片它的整个的规模越来越小,然后数字唱片规模越来越大,但是物理唱片到2013年它的比例仍旧达到将近50%左右,还是占到很大比例。而数字唱片比例已经快占据了半壁江山。

我们通过用回归分析,得到一个结果,版权保护强度和整个音乐产业规模之间的关系,我们分了物理唱片和数字音乐这两部分来做相应的回归,这个模型不仅包括唱片、数字音乐而且还包括人们受教育水平、GDP,还有对音乐的版权税收等这些指标。我把版权保护和音乐规模相关性列在这里,可以看到一个结果就是版权保护强度与人均物理唱片零售额正相关的,但是版权保护强度与数字音乐零售额却是负相关的关系,这是我们原来做之前没有想到的。我们通过分析,认为物理唱片不仅具有娱乐价值,还具有珍藏价值,收藏价值,不仅买歌,还包含受众对于歌星崇拜这些东西,物理唱片消费者他们有一种个人的偏好和习惯,他们对于价格的敏感性不高,而数字唱片的娱乐性更高,它强调是音乐娱乐,所以消费者希望以低价获得音乐资源,他们更倾向于享受免费的午餐。

根据我们的研究结果,我们提出了几个结论,或者是政策建议。第一,健全版权机制是产业发展的一种保障。第二,其实中庸之道兼顾作者与社会利益也是我们版权制度要考虑的问题。我们国内文化产业与版权保护之间的关系,也是这种关系,并不是总是呈现正相关的关系。针对物理唱片和数字音乐不同特点,我们需要灵活管理,这个结论推演到各个领域里,不同领域我们不能一味只强调加强或者提高版权保护强度,因为版权保护确实能够保护作者和创新者的利益,使他们有创新的利益,但是它却可能减损消费者、社会群体享受产品的一种利益,所以我们提出中庸之道。对于落后地区由于贸易条件比较差,所以要遵照经济条件实行循序渐进的提高版权保护水平,而不是一味只是强调提高。最后我们的建议就是加强宣传教育推进法律实施。

文化产业——中国未来发展的朝阳产业

王　强[1]

中国的文化产业发展正在以前所未有的速度和难以想象的突破前进。文化产业本身固有的存在着意识形态的属性,因而在文化创意生发的过程中,国家监管必不可少。而对于文化创意者来讲正是要在条框之内勇敢迈步,勇于创意,探索出更多的发展领域。

2012年北京聚本文化传媒公司成立,致力于拍摄出能够反映出中国人生命意义、具有更高文化价值、能够产生世界影响的电影。2012年筹备拍摄《十二公民》,这部影片借鉴《十二怒汉》,探讨公民权利、无罪推定等法制性问题在中国实施的可能性。由于影片本身所包含的意味深沉、尖锐且敏感,其制作发行过程中可能会遇到中华人民共和国最高人民检察院、国家广电总局等相关监管机构的重重阻碍,但出人意料的事,影片不仅引起了检察院的高度重视与政策支持同时在国家广电总局的审核中全票通过。

在文化产业发展的黄金时代,文化监管虽是必然但生产出健康、正确、符合中国当代需求的文化产品,文化监管就能够转化为文化支撑。文化创业者、企业家唯有打开思想局限、突破思维限制、秉承敢于探索的精神生产出更多符合社会主义核心价值观的文化产品才能突破条框束缚,为自身发展、文化产业发展、国家软实力发展开辟出新的天地。

社会由诸多个体组成,因此无论是社会监管还是社会契约都是集体性活动中共同的行为准则,世界上不存在绝对的放任与自由,对于企业而言,监管是社会运行的常态而非特例。对于企业得到的监管,企业家应以健康的心态对

---

❶王强,真格基金联合创始人,新东方联合创始人。

待,有则改之,无则加勉。2016年,真格基金1200万签约Papi酱,一时间虽风头无两却也饱受争议,广电总局一度勒令下网整顿。Papi下往后迅速整改并重新上线,在这一周的整改过程中,Papi酱革除了诸多弊端恶习,迅速脱胎换骨,非但没有损失其作为网红传播的核心,更促使自身蜕变为内核健康并为大众所接受的文化企业。在此之后Papi酱限时拍卖拍出2500万的高价,中国新媒体得到了广告拍卖的最大认可,这种认可是前所未有的,它证明了中国文化消费对于真正有内容,有深度,有内涵的文化产品持积极态度。

真格基金作为中国文化产业的早期投资者,在选择投资对象是有着两方面的考量:一是从内容的角度出发主要集中在尚未形成整合性标准的行业。真格基金投身于体育行业,参与昆仑决泰式拳击的世界搏击,推动昆仑决发展成为世界标准制定者,建立起了世界搏击的新标准。二是采用独特的视角为年轻一代提供传统内容的传播形式。真核基金注资橘子娱乐,助力其成长为娱乐欣慰新媒体平台。

橘子娱乐代表了新生代对传统娱乐媒体性质的认识,坚信娱乐现象背后触及人性健康的东西能够成为新生代所喜闻乐见的东西,而不知是窥探人性黑暗的角落。

通过这两年的实践,橘子娱乐在所谓的融资寒冬中已经完成了1.2亿美元融资。在受众数据上也呈现出了良好的态势,成为新闻媒体平台中的一匹黑马。

在这样的选择判断标准下,无论是标准制定者还是平台整合者抑或是内容独特有正向价值观的建树者,只要敢为人先,成为市场的开创者、引领者甚至是颠覆者,最终都能为市场所认可。

在文化产业大发展的背景下,平台的整合者要勇于进入未知领域,为他人之不敢为、不能为。如今BAT作为中国互联网巨头比新型创业企业更加如履薄冰且忧心忡忡,这根源在于在市场环境中,无时无刻不在生发出新的企业、新的领域,使传统企业面临着巨大的机遇,但同时也给予产业发展以无尽的机遇与希望。

真格基金投资的英雄互娱公司成立时间不足一年即在新三板成功挂牌,并已经成为新三板中市值最高的游戏公司。而其成功的原因不仅在于其创始人对于游戏行业精准、独到且深刻的理解，还在于其强大的运营、整合资源的能力。英雄互娱成立后游戏的分发、投资与传播跨越了BAT等传统企业所不敢跨越的领域，成为游戏整合与电竞领域的世界级玩家，并终将推动中国真正原创IP类游戏走向世界，实现中国文化产业与世界的比肩对话。

中国的文化产业充满着希望，未来的十年到十五年，以娱乐、体育、观赏、表达、内容生产为特质的行业将成为真正的朝阳产业，它不仅在朝阳区会蓬勃升起，而且会照亮整个全中国创业的大地。

后 记

国家文化产业创新实验区是以北京市朝阳区"北京商务中心区（CBD）—定福庄"一带为核心区，采取部、市合作方式，共同规划建设全国首个、也是目前唯一一个国家文化产业创新实验区，纳入文化部和北京市签署的首都文化建设战略合作框架协议，作为部市战略合作的重要举措共同推动建设。

全国首个国家文化产业创新实验区的规划和建设，正是时代创新的题中之义，是文化创新的升级版，更是文化市场的催化剂。实验区建设全面提升了首都文化产业创新发展水平，服务于北京市构建"高精尖"经济结构，促进了首都文化产业示范带动水平的关键路径，正是创新驱动经济发展的典型实践。

国家文化产业创新实验区率先创造一个让创新人才竞相涌现的加速器，创意活力不断释放的孵化器，为"全国文化中心"建设注入源源不断的发展动力。因此，2016文化产业创新实验区高端峰会以"文化＋时代：创新驱动经济发展"为主题，这既是峰会的应有之义，也是文化产业创新发展的时代主题。

2016国家文化产业创新实验区高端峰会广邀领导嘉宾、业界精英、专家学者聚焦"文化＋时代：创新驱动经济发展"这一主题，共同探讨国家创新背景下寻找经济新动力，发现新市场机遇的战略路径，深入研究文化产业成为经济发展新引擎后如何进行文化创新，文化创新如何与产业融合、如何协调区域发展等问题。有助于促进文化创新与经济发展的学术研究和实践,加快培育壮大新兴产业发展步伐,推动文化企业的转型升级,对我国的文化创新及经济发展具有重要的学术价值和指导意义。《文化经济研究》(第二辑)特将此次高端峰会各专家、学者、企业家代表发言精粹成集,以供探讨研究。

《文化经济研究》编辑部

2016年12月